本著作得到上海市哲学社会科学规划一般课题"城市社区自治项目化运作的技术治理困境及破解路径研究"（2019BSH013）的资金支持
本著作受上海工程技术大学学术著作出版专项资助

社区自治项目化运作：技术治理困境与破解

邱梦华　著

上海交通大学出版社
SHANGHAI JIAO TONG UNIVERSITY PRESS

内容提要

居民参与社区自治是城市社区治理的本质要求,也是实现国家治理现代化的微观路径。社区自治项目化运作是城市居民参与社区自治的创新实践。本书以上海市 V 街道为例,结合合作治理理论和公共性理论建构分析框架,在梳理社区自治项目的发展实践与类型比较的基础上,探究社区自治项目的实施过程与运作逻辑,考察社区自治项目的治理成效与实践限度,揭示出自治项目化运作绩效不理想的根源在于项目制的技术治理特征阻滞了公共性生长,最后提出破解自治项目化技术治理困境的基本理念与具体路径。

图书在版编目(CIP)数据

社区自治项目化运作：技术治理困境与破解 / 邱梦华著. – 上海 ：上海交通大学出版社,2024.12 – ISBN 978 - 7 - 313 - 31992 - 0

Ⅰ. D638

中国国家版本馆 CIP 数据核字第 2024F0D234 号

社区自治项目化运作：技术治理困境与破解

SHEQU ZIZHI XIANGMUHUA YUNZUO：JISHU ZHILI KUNJING YU POJIE

- -

著　　者：邱梦华	
出版发行：上海交通大学出版社	地　　址：上海市番禺路 951 号
邮政编码：200030	电　　话：021 - 64071208
印　　刷：上海万卷印刷股份有限公司	经　　销：全国新华书店
开　　本：710mm×1000mm　1/16	印　　张：13.25
字　　数：181 千字	
版　　次：2024 年 12 月第 1 版	印　　次：2024 年 12 月第 1 次印刷
书　　号：ISBN 978 - 7 - 313 - 31992 - 0	
定　　价：69.00 元	

前　言

本书是由我的上海哲社课题的结项报告转化而来。当今年 4 月底某个傍晚,有朋友在微信上给我转发"上海市社科规划课题结项情况"的推文链接,并祝我顺利结题时,我先是长长地松了一口气,对研究报告得到专家的积极肯定甚是欣慰。高兴之余,四年多的课题研究历程中的一些画面重新浮现在眼前。当初选择社区自治项目作为研究主题,缘于自己所居住的 V 街道开展的自治金项目,而且承蒙 V 街道社会组织服务中心的信任而担任自治金项目的评审专家。在对自治金项目开展的观察中,我发现社区自治项目的初衷是为了激发居民参与、促进社区自治,其在社区中的实际运作也很热闹,受到居民的欢迎,但从结果来看,其似乎遭遇隐形天花板而未达到理想效果。正是出于对这个困惑的追问,我才申请课题、推进调研、撰写报告,直至本书成形。

居民参与社区自治是城市社区治理的本质要求,也是实现国家治理现代化的微观路径。而社区自治项目化运作正是城市居民参与社区自治的创新实践。本书首先整合合作治理理论和公共性理论,建构出对社区自治项目的分析框架,进而探究社区自治项目的实施过程与运作逻辑,考察社区自治项目的治理成效与实践限度,揭示出自治项目化运作绩效不理想的根源在于项目制的技术治理特征阻滞了公共性生长,最后提出破解自治项目化技术治理困境的基本理念与具体路径。

当前学界对社区自治项目的研究成果已见于一些学术文章,但少有专门聚焦城市社区自治项目开展系统性研究的专著。因此,本书的特点体现在两个方面:其一,将项目制研究拓展到城市社区自治领域,并强调自治项目的独特性在于促进居民参与,分析自治项目的运行逻辑和实践困境,拓展、深化了社区自治项目研究。其二,使用定量研究方法对社区自治项目的实施绩效进行全面系统的评估,而且运作公共性理论深入分析社区自治项目的技术治理困境,为优化社区自治项目化运作提供决策依据。

在书稿交付之际,除了欣慰,更多的是感谢! 首先,感谢活跃在社区自治项目领域的实务专家、居委会工作人员和居民。感谢他们通过生动的实践为我们呈现的自治案例。特别感谢 V 街道的社会组织服务中心的主任,是她给我提供了进入社区参与观察和深入访谈,并开展项目评审的机会。她在基层社区公益领域深耕十余年,无论是在项目活动的社区现场,还是在评审指导的会议室里,她总是微笑着给出专业的意见,完美地展现了公益人的那份坚定。其次,感谢在各种学术沙龙上给课题研究提过宝贵意见的同仁。特别要感谢赵凤老师,她是我学术道路上的同行者,不仅多次将我从"拖延症"的泥沼中拉出来,还给予问卷调查和数据分析上的实际帮忙。再次,感谢我的一批硕士研究生,是他们利用暑期,每天坐公共交通三个多小时,往返于学校和社区,帮忙一起收集数据,为课题研究积累了丰富的写作素材。最后,感谢我的家人,他们的理解和支持是我能够坚持完成这本书的重要支撑。我的爱人,虽然自身也在经历中年工作转型的压力,但仍然承担了很多家务劳动,让我有更多的时间投入研究;我的儿子,不仅在学习上很自律,减轻了我的育儿焦虑,而且还经常用中学生那份"卷"的劲头激励我不能"躺平"。对所有帮助过我的人,我永远心存感恩!

"长风破浪会有时,直挂云帆济沧海。"愿本书能为社区自治项目化运作的完善贡献一份绵薄之力,也愿社区自治项目的发展助推谱写城市社区治理的新篇章。

邱梦华

2024 年 7 月

目　录

第 1 章

社区自治项目问题的提出

居民参与社区自治是城市社区治理的本质要求，也是实现国家治理现代化的微观路径。社区自治项目化运作是城市居民参与社区自治的创新实践，上海就此展开了丰富探索，即将社区自治活动设计成易于操作的实施项目，依托于社区草根社会组织运作，以期实现政府治理和社会调节、居民自治良性互动。那么，旨在培育居民自治意识和能力的社区自治项目是否实现了促进居民参与、完善社区自治的初衷？本书就是希望通过对社区自治项目化的实施过程、运作逻辑、实践绩效及困境原因的深入分析，来回答这一问题，并最终提出优化社区自治项目运作的对策建议。在开篇的第一章，笔者将论述研究背景、选题意义，并在文献综述的基础上，提出研究问题和研究思路，进而结合现有相关理论构建分析框架，最后介绍研究所使用的方法。

1.1 研究背景与意义

1.1.1 研究背景

1）社区自治是社区治理现代化的重要内涵

处于基层的社区，是社会治理的核心场域，也是国家治理的微观基础。2017 年，中共中央、国务院颁布了《关于加强和完善城乡社区治理的意见》，这是我国第一部关于社区治理的纲领性文件，为社区治理现代化建设明确了方向。社区治理是对社区建设的超越，意味着"要培育新的行动主体和改革行动主体的关系结构……就是要改变政府行动而社会无行动、居民不行动的状况，要从政府单方管理和服务的层级结构中走出来，建立政府与社会力量跨界合作、协同参与的网络结构"①。社区治理现代化就其理念而言,最大的特征是"国家与社会参与社区公共事务的一种新型关系,多元主体广泛参与社区治理,各参与主体之间是协商、合作、伙伴关系,在程序化、法制化与规范化的治理体系中,实现党建引领下的政府、市场、社会的协同治理格局,发挥社区居民的主动性与积极性,扩大社区自主权,培育社区精神,实现社区共同体建设,促进社区和谐、有序、良性运行,满足新时期人民对于美好生活的期望"②。可见,社区自治是社区治理现代化的题中应有之义。2021年,中共中央、国务院又颁布了《关于加强基层治理体系和治理能力现代化建设的意见》,进一步强调了"健全基层群众自治制度"。2022年,中共二十大报告在"发展全过程人民民主,保障人民当家作主"这一部分中再次明确要"积极发展基层民主",要健全基层党组织领导的基层群众自治机制。基层群众自治制度作为中国三大基本政治制度之一,并不是凭空产生的。这一制度的确立得益于我们对社区人的透析、社区生活属性的把握以及社区内物权性质的设定。

　　社区自治之于社区治理现代化的重要性,体现在两个方面:其一,社区是群众自治的天然培育基地,社区公共事务可激发居民的主体性生成,促进居民的社会参与,有助于实现社区治理现代化。社区治理"承担着接应国家治理任务和回应社区内生需求的双重功能,是国家政权建设和社区自我完善双重动力机制共同形塑的产物"③。而要有效地回应社区内生的多元需求,有赖于社区居民的自主合作能力,开展自我管理、自我服务、自我教育、自我监督。其二,增强居民自治是破解当前社区工作行政化瓶颈的重要途径。社区工作行政化主要是指居委会被行政化,表现为"职能行政化、成员公职化、工作方式机关化、运行机制行政化、权力行使集中化、社区建设政绩化等特征"④。这导致社区治理中组织结构与功能的失衡,阻碍社区多元共治格局的形成与社区治理现代化的实现⑤。而增强居民自治,不仅可以缓解居委会的工作压力,还可以改进基层政

①　陈伟东,陈艾.居民主体性的培育:社区治理的方向与路径[J].社会主义研究,2017(04):88-95.
②　陈友华,夏梦凡.社区治理现代化:概念、问题与路径选择[J].学习与探索,2020(06):36-44.
③　王德福.社区治理现代化:功能定位、动力机制与实现路径[J].学习与实践,2019(07):88-97.
④　潘小娟.社区行政化问题探究[J].国家行政学院学报,2007(01):33-36.
⑤　申丽娟,陈跃.社区治理现代化的结构性障碍及其内源式破解[J].四川师范大学学报(社会科学版),2016,43(03):118-123.

府的治理方式,进而促进政府治理和社会调节、居民自治良性互动。

2)社区自治项目成为创新基层自治工作的一种载体

分税制改革以来,项目制作为一项重要的治理技术,被广泛使用。项目制实践不仅是特定国家治理方式的具体应用,也是我国依托公共财政实现公共意志、提升公共福祉的过程①。国家试图通过项目制运作,既强化国家对市场的引导和约束,又促使行政体制规范、高效地提供公共服务。政府购买服务就是项目制治理的表现,即项目制把社会组织等社会力量动员起来,政府通过项目的形式购买社会组织的服务,动员社会组织参与到社会治理中来。

随着基层治理的不断创新,项目制的实践场景也不断被拓展,不仅局限于政府购买民生服务,而且被运用到了社区自治领域中。出现社区自治工作的项目化运作,主要源于政府购买服务和社区自治工作中存在问题的倒逼。其一,传统政府购买服务项目"落地难"的问题,倒逼着项目对居民参与的吸纳。由于政府购买服务项目无法精准识别居民的需求,以及承接项目的社会组织不熟悉具体社区的实际情况,出现公共服务遭遇"最后一公里"难题,即供需错位的公共服务空置、浪费,以及协作缺位的公共服务效率低下。为了解决公共服务"落地难"问题,政府在开展购买服务中,开始强调要在项目设计之初就瞄准居民"急难愁盼"问题,充分调查居民的需求,进而在项目实施中要求社会组织积极挖掘社区的志愿者、发动居民参与来提升公共服务的精准度和有效性。其二,传统社区自治缺乏工作抓手的问题,倒逼着以项目形式驱动居民参与。由于居委会被行政化、普通居民原子化,导致传统社区自治工作面临资源匮乏、意识薄弱、能力低下等窘境,严重影响了基层民主建设的进程。因此,需要用新的形式来推动自治,社区自治项目化运作就是由政府来投入资金,以项目的形式,激发居民参与到社区公共事务进行民主协商与自主管理中来。由此,社区自治项目成为创新基层自治工作的一种载体。

上海是国内较早开展居民自治项目培育工作的城市,希望通过运作居民自治项目来逐步提高居民对社区事务的参与度,将居民的力量引入社区的治理环节,解决服务与需求不对等的问题,提高居民满意度,逐步达成社区自治的目的。该市在 2015 年出台了《居民自治项目化试点工作手册》并在 7 个社区开展

---

① 李祖佩.项目制基层实践困境及其解释——国家自主性的视角[J].政治学研究,2015(05):111-122.

试点工作,取得了较好的效果,得到了所在社区居民的认可和支持。作为一种基层治理创新,自治工作项目化运作得到了广泛认可,最终被写进了上海市《居民委员会工作条例》(2017年修订)中,该条例规定,"居民委员会应当建立健全自治议题和自治项目形成机制,广泛征集自治议题和自治项目,充分反映居民或居民小组、群众活动团队的意见和建议"①。社区自治项目的开展不仅能够激发社区中多元主体参与社区治理的积极性,还能够有效整合和配置社会资源,不断提升社会治理水平,达到共建共治共享的目标。

1.1.2 研究意义

本书的学术价值表现在:①拓展项目制研究的学术空间。已有关于项目制的研究主要集中于政府内部治理和社会管理以及服务领域,对基层自治领域的项目制研究相对较少,并且相关学术研究滞后于社会实践。因此,本书将项目制研究拓展到城市社区自治领域,聚焦近年来在上海基层社会治理创新中出现的社区自治项目化运作实践,分析不同主体的行动策略以归纳其运作逻辑,这对于丰富和拓展项目制的研究具有重要意义。②丰富公共性理论的研究基础。探寻抽象的公共性价值与具体的技术性实践的有机耦合机制,超越技术治理困境,实现社区自治项目化运作中的公共性培育,是当下城市社区治理亟待解决的重大理论与实践问题。笔者将在公共性的理论视角下,分析技术治理与公共价值之间的张力,探索有机融合公共性与技术性的具体路径,为加强公共性研究构筑一个扎实的基础。

本书的应用价值表现在:①破解社区居民参与困境,有助于夯实社区共同体建设。城市社区自治项目的开展,让社区居民以主人翁的角色参与到社区事务中来。社区自治项目的开展不仅能够充分考虑到社区居民的共同利益,有效促进社区居民参与社区治理的积极性,并且使得居民自发组织起来解决社区中存在的共同问题,在一定程度上缓解了居委会的工作压力,由此营造和谐有序的社区环境。本研究将分析破解社区居民参与困境的深层次根源,探索有效推动社区居民参与的实践路径,以此夯实社区共同体的建设。②创新社区合作治

---

① 付建军.共识生产的技术化:居民自治项目的制度逻辑与实践审视——基于上海市L街道的案例研究[J].天津行政学院学报,2021,23(05):67-75.

理路径,有助于打造共建共治共享社会治理格局。社区中的居委会、物业管理公司、业委会以及相关社会组织的存在使得社区的合作治理成为可能。在城市社区治理范畴中,多元治理主体共同参与社区建设,发挥各自的组织优势和资源优势,以合作的方式参与到社区治理中来,进而享受到城市社区发展的成果。当前,虽然社区合作治理研究已经取得了许多成果,但是我国社区合作治理实践尚未完全成熟,政府行政力量的过度干预、社会组织的能力建设困境、社区居民参与社区治理的动力不足等等都可能成为当前社区合作治理的阻碍。因此,本研究将探索社区合作治理的创新路径,以此推动打造共建共治共享社会治理格局。③优化社区自治项目化运作,有助于实现政府治理和社会调节、居民自治良性互动。社区自治项目是社区居民参与社区治理最直接和最重要的表现形式。社区自治项目以居民真实需求为依托,以解决居民最迫切的问题为导向来组织开展一系列活动。考虑到居民是社区自治项目的参与主体,缺乏相对专业的操作能力和执行能力,需要社会组织在社区自治项目的运作过程中给予居民专业指导。居民积极参与社区自治项目运作,就社区公共事务展开协商,实现社区公共物品供给。这不仅有利于居民进行自我教育和管理,改善自我服务的能力,而且有助于推动居民自治与政府治理、社会调节的良性互动,不断提升社区治理水平。

1.2　文献梳理与评价

本书聚焦社区自治项目化运作及其技术治理特征导致的实践限度,并探索破解技术治理困境的路径,因此,对现有相关研究的梳理主要从社区自治、项目制和技术治理三个方面展开。

1.2.1　社区自治研究

社区自治是我国社会基层民主的重要内容。对社区自治的研究,学术界的关注重点主要分为三个层面,宏观上聚焦于社区自治的缘起、社区自治的本质以及围绕其而展开的国家与社区关系,中观上侧重在社区自治组织运作的层面,主要关注社区自治的运作模式和组织载体;微观上关注具体的自治行为,重点在于对居民参与的探讨。

1) 宏观层面：社区自治的缘起与本质

社区自治的起源与我国社区建设的发展历程息息相关，伴随着体制改革和社会结构转型，政社分离成为 20 世纪 90 年代改革的必然要求[①]，城市社区建设应运而生，社区发展的自主性空间不断加强，为社区自治释放了新的自主活动空间[②]。

而对于社区自治本质的探讨，学术界主要有三种观点：一是社区自治是政府管理之外的社会自治[③]；二是社区自治就是地方自治，地方自治就是地方政府[④]；三是社区自治是政府、社区组织、居民合作治理社区公共事务的过程[⑤]。可见，对社区自治的本质界定之争围绕政府与社区的关系问题，即社区自治由谁主导的问题展开，本质上是国家与社会的关系问题。一部分学者认为，社区自治体现出中国城市治理体制的变革方向[⑥]，主张削弱政府在社区自治中的力量，应强化社区的自治导向，减少不必要的行政干预[⑦]。然而，随着改革的不断深入和社区自治的实践经验增加，社区自治的发展未达理想状态。有学者意识到我国的城市社区自治不同于西方的自发过程，其是在我国社会背景下政府有意识地推进社区建设的过程中产生的，本身具有很强的政府规划性[⑧]，反而需要政府的有效介入[⑨]，故而理解和把握我国城市社区自治应立足本土基层场

---

① 陈伟东.社区自治[M].北京：中国社会科学出版社，2004：196.

② 张丹丹.社区自治的特征：偏态自治和无序自治——社区自治空间有限性的原因[J].华东理工大学学报（社会科学版），2015，30(02)：25-31＋48.

③ 桑玉成，杨建荣，顾铮铮.从五里桥经验看城市社区管理的体制建设[J].政治学研究，1999(02)：40-48.

④ 张宝锋.城市社区自治研究综述[J].晋阳学刊，2005(01)：22-26.

⑤ 陈伟东.城市社区自治研究[D].武汉：华中师范大学，2003.

⑥ 李建斌，李寒.转型期我国城市社区自治的参与不足：困境与突破[J].江西社会科学，2005(06)：33-36.

⑦ 徐勇.论城市社区建设中的社区居民自治[J].华中师范大学学报（人文社会科学版），2001(03)：5-13.

⑧ 李建斌，李寒.转型期我国城市社区自治的参与不足：困境与突破[J].江西社会科学，2005(06)：33-36.

⑨ 叶敏.社区自治能力培育中的国家介入——以上海嘉定区外冈镇"老大人"社区自治创新为例[J].南京农业大学学报（社会科学版），2015，15(3)：10-18，121.

域①。甚至有学者认为社会对国家在资金、空间、权威和组织网络等方面的依赖也能够提升社区自治的水平②。因此,目前学界有一个基本一致的看法,即中国城市社区治理是国家与社会相辅相成的发展过程③。

2)中观层面:社区自治的运作模式与组织载体

根据主要驱动力的不同,将社区自治的治理模式归纳为政府主导型、自治型、合作型或混合型三大类型④。我国大部分城市社区都采用合作型模式,强调各主体之间的相互协调配合,注重多元主体的参与,如较为典型的"一核多元"模式⑤。近年来不少学者关注党建引领社区自治。政党具有再塑社会的相对自主性和政治能动性,政党引领社区自治具有合理性⑥。党建引领社区自治的实质就是主体行为从孤立到良性互动、关系结构从"原子化"到有机联结、制度逻辑从离散到共演转变的过程⑦。新时代中国共产党通过协同联动机制、规范纠偏机制、示范带动机制、整合延伸机制来实现对社区自治的引领⑧,而构建社区共同体是新时代推进党建引领社区自治的有效路径⑨。

社区自治的核心组织载体即社区居委会是学者们关注的焦点。学术界关于居委会的研究围绕其功能定位、行政化的表现与原因、去行政化改革的内容与成效等方面展开了丰富的研究。居民委员会作为当前城市社区居民自治的重要组织平台,其运作的成功与否直接决定着社区自治和基层民主的广度和深

① 苗延义.能力取向的"行政化":基层行政性与自治性关系再认识[J].社会主义研究,2020(01):84-92.

② 叶敏.依附式合作:强国家下的城市社区自治——以上海 NX 街道的社区自治经验为例[J].江苏行政学院学报,2022(01):112-119.

③ 袁方成.国家治理与社会成长:城市社区治理的中国情景[J].南京社会科学,2019(08):55-63.

④ 唐亚林、陈先书.社区自治:城市社会基层民主的复归与张扬[J].学术界,2003(06):7-22.

⑤ 张平、隋永强.一核多元:元治理视域下的中国城市社区治理主体结构[J].江苏行政学院学报,2015(05):49-55.

⑥ 裴元圆、罗中枢.塑造"积极居民":政党引领社区自治的耦合路径[J].党政研究,2023(04):69-77,126.

⑦ 温雪梅、吴炫菲.党建引领下的社区自治何以可能?——一个多重逻辑的分析框架[J].长白学刊,2024(02):14-28.

⑧ 王世强.党建何以引领社区自治?——逻辑、机制与发展路径[J].天津行政学院学报,2021,23(06):55-64.

⑨ 王世强.构建社区共同体:新时代推进党建引领社区自治的有效路径[J].求实,2021(04):42-52,110.

度①。但居委会在实践中的发展现状与当初制度设计的背离在学术界已经达成共识,表现为:居委会成为"政府的腿",行政化十分严重②③。进而学者从客观、主观两个方面分析了居委会行政化的原因。一部分学者从客观上强调居委会的行政化是"强国家—弱社会"治理模式下制度发展的必然趋势④⑤,而权威主义行政体制则是居委会行政化的根本原因⑥⑦。另一部分学者则从居委会自身角度出发探讨了居委会被行政化的主观面向,呈现"科层为体、自治为用"的主动行政化逻辑⑧。为了破解居委会的现实困境,近些年各地展开了多种形式的居委会"去行政化改革",其基本思路有两条,其一是培育或设立新的治理主体以分担社区事务,其二是规范基层政府及其派出机构与居委会之间的关系以达到给居委会减负的目的⑨。然而,"去行政化"在基层的探索与实践并没有收获预期成效,具有双重身份的社区在资源非对称性依赖下难以达成自治性与行政性的平衡,改革呈现"悬浮现象"⑩,使得居委会反而在社区治理中有逐渐被"边缘化"⑪的倾向,从而陷入"去行政化"后又无法自治的悖论⑫。其根本原因在于现有的"去行政化"思路本身存在理论预设的偏颇性、法理依据的片面性和现实运作的逆反性三重限度,导致社区减负陷入减负动力不足、减负方法单一

---

① 王鹏杰.城市社区建设中的居民自治研究述评[J].城市观察,2015(05):47-54.
② 郑杭生,黄家亮.论我国社区治理的双重困境与创新之维——基于北京市社区管理体制改革实践的分析[J].东岳论丛,2012,33(01):23-29.
③ 向德平.社区组织行政化:表现、原因及对策分析[J].学海,2006(03):24-30.
④ 耿曙,胡玉松.突发事件中的国家—社会关系——上海基层社区"抗非"考察[J].社会,2011,31(6):41-73.
⑤ 王汉生,吴莹.基层社会中"看得见"与"看不见"的国家——发生在一个商品房小区中的几个"故事"[J].社会学研究,2011,25(01):63-95+244.
⑥ 孙柏瑛.城市社区居委会"去行政化"何以可能?[J].南京社会科学,2016(07):51-58.
⑦ 侯利文.压力型体制、控制权分配与居委会行政化的生成[J].深圳大学学报(人文社会科学版),2020,37(03):111-120.
⑧ 侯利文,文军.科层为体、自治为用:居委会主动行政化的内生逻辑——以苏南地区宜街为例[J].社会学研究,2022,37(01):136-155,229.
⑨ 方长春.党政关联与双重"经纪人":城市基层治理中的居委会[J].人文杂志,2021(11):20-27.
⑩ 郑鸿铭,王福涛.双重身份与供需失衡:社区"去行政化"减负改革为何局部失灵?——基于南宁市两社区案例的比较分析[J].广西大学学报(哲学社会科学版),2024(03):165-173.
⑪ 王德福.城市社会转型与社区治理体系构建[J].政治学研究,2018(05):6-9.
⑫ 沈立里,池忠军."去行政化"的限度:获得感视角下居委会社区治理困境论析[J].理论月刊,2022(03):49-57.

和形式主义严重的三重困境①。对此,有学者反思,"去行政化"改革要优先解决社区过度行政的问题②;或避免单一逻辑的事物职能改革或者组织改革,坚持"事物职能分类、居站分离和培育居民自治"三策并举的复合型改革③。

　　除了居委会之外,社区自治单元也是自治的组织载体。居民自治单元就是指居民能够参与社区公共事务,有效解决社区公共问题的行动单元。"社区"一直是居民自治的默认基本单元,但一部分学者已认识到自治单元可以多元化,需下沉到社区居委会以下层面④,依照基于"利益相关"⑤"规模适度"⑥"地域相近"⑦"社会联结"⑧等原则,提出院落、门栋、小区、居民小组等⑨更适合激发居民参与,构建出社区"微自治"⑩的图景。还有学者认为居民基于横向构建的自治网络而结成的社区社团是居民自治单元的有效选择⑪。梁贤艳还论证了自治单元下沉后居民自治的动力生成机制以及"微"单元的划分条件⑫。但不同于明确某种静态的自治单元,还有学者提出要以治理单元的动态调整来回应社区治理的复杂性,并强调不同的主体的合作治理以解决社区公共性的问题⑬;倡导通过"扩"与"缩"的共进来实现社区治理单元的重构⑭。

① 许宝君.超越"去行政化"迷思:社区减负思路廓清与路径优化[J].中国行政管理,2023(03):95-101.
② 王义.从整体性治理透视社区去"行政化"改革[J].行政管理改革,2019(07):54-60.
③ 章文光,李心影,杨谨颐.城市社区治理的逻辑演变:行政化、去行政化到共同体[J].北京行政学院学报,2023(05):54-60.
④ 徐勇,贺磊.培育自治:居民自治有效实现形式探索[J].东南学术,2014(05):33-39,246.
⑤ 邓大才.利益相关:居民自治有效实现形式的动力基础[J].东南学术,2014(05):40-49.
⑥ 白雪娇.规模适度:居民自治有效实现形式的组织基础[J].东南学术,2014(05):50-57.
⑦ 胡平江.地域相近:村民自治有效实现形式的空间基础[J].华中师范大学学报(人文社会科学版),2014,53(04):17-22.
⑧ 李鹏飞.社会联结:探索村民自治基本单元的关系基础[J].求实,2017(09):69-82.
⑨ 张大维,陈伟东,孔娜娜.中国城市社区治理单元的重构与创生——以武汉市"院落自治"和"门栋自治"为例[J].城市问题,2006(04):59-63+68.
⑩ 赵秀玲."微自治"与中国基层民主治理[J].政治学研究,2014(05):51-60.
⑪ 许宝君.我国城市社区居民自治单元重构——兼对"自治单元下沉"论的反思[J].东南学术,2021(01):95-105.
⑫ 梁贤艳,江立华.自治单元下沉背景下的城市社区"微自治"研究——以J小区从"点断"到"全覆盖"自治的内生探索为例[J].学习与实践,2017(08):98-105.
⑬ 黄晓星,蔡禾.治理单元调整与社区治理体系重塑——兼论中国城市社区建设的方向和重点[J].广东社会科学,2018(05):196-202.
⑭ 郎友兴,陈文文."扩"与"缩"的共进:变革社会中社区治理单元的重构——以杭州市江干区"省级社区治理与公共服务创新试验区"为例[J].南京师大学报(社会科学版),2019(02):90-99.

3)微观层面:社区自治中的居民参与

学术界普遍认为居民参与是社区自治的重要内容和内在要求,也是社区发展的动力和根本保证①。社区自治就是居民权利表达与实现的制度安排与过程②,其本质是居民能够有效参与到社区公共事务的管理中,以实现社区利益最大化和居民利益的均衡化③。改革开放以来居民参与基层社会治理的实践形态,大致经历了街居制恢复时期、社区建设探索时期、社区建设大发展时期和新时代社区治理时期四个既紧密联系又有所区别的历史阶段,每个阶段居民参与的特点有所不同④。

现有对于居民参与的研究多在探讨参与主体、参与形式、参与效果和原因分析及对策四个方面。社区活动的参与者多为"一老一少一低"这类社区积极分子⑤,社区陌生化导致社会资本的匮乏,基层组织的传统动员方式的效力只局限于少数社区积极分子⑥。有学者构建出了四种社区参与类型,即强制性参与、引导性参与、自发性参与和计划性参与⑦。学界对居民参与效果有限已形成共识,主要表现在参与意愿低、参与率不高、参与程度不深、形式不够丰富、参与的自主性不高,多以被动式、动员式参与为主等方面⑧,并且呈现居民参与意愿与行为背离的特征⑨。根源在于居民参与动力缺失⑩、现有参与机制落后⑪。学者们提出了相应的对策,比如以居民需求为导向,以专业化的服务为载体,以

① 李建斌,李寒.转型期我国城市社区自治的参与不足:困境与突破[J].江西社会科学,2005(06):33 - 36.

② 田毅鹏,薛文龙.城市管理"网格化"模式与社区自治关系刍议[J].学海,2012(03):24 - 30.

③ 李晓彬.双轨互动:城市社区居民自治项目化推行与发展路径研究[D].上海:中共上海市委党校, 2018.

④ 王静,邹农俭.改革开放以来居民参与基层社会治理的实践形态[J].南京师大学报(社会科学版), 2022(05):109 - 116.

⑤ 闵学勤.社区自治主体的二元区隔及其演化[J].社会学研究,2009,24(01):162 - 183,245.

⑥ 王德福,张雪霖.社区动员中的精英替代及其弊端分析[J].城市问题,2017(01):76 - 84.

⑦ 杨敏.作为国家治理单元的社区——对城市社区建设运动过程中居民社区参与和社区认知的个案研究[J].社会学研究,2007(04):137 - 164,245.

⑧ 张晓霞.城市居民社区参与模式及动员机制研究[D].长春:吉林大学,2010.

⑨ 曹虎,靳敏,武照亮,等.居民参与生态社区建设意愿与行为悖离的影响因素——基于山东省东营市居民调查数据分析[J].地域研究与开发,2024,43(01):61 - 66,73.

⑩ 张宝锋.城市社区参与动力缺失原因探源[J].河南社会科学,2005(04):22 - 25.

⑪ 王鹏杰.城市社区建设中的居民自治研究述评[J].城市观察,2015(05):47 - 54.

组织性参与为方式,发展社区公民的公共性,促进居民参与①;通过细化治理单元的方式激发居民小团体的内部意识与参与积极性②;从内在心理因素入手,通过使居民获得"脸面"的方式提升居民公共参与的积极性和主动性,促进行动自觉③。

1.2.2　项目制研究

近年来,项目制在国家治理中发挥越来越大的作用,实行项目化运作成为地方政府推动社会治理创新的常见方法④。项目制研究分为三个层面:

1)*宏观层面:项目制的本质与功能*

在宏观层面,不同学者对项目制是否是一种新的、有效的国家治理体制持不同意见。在乐观派看来,项目制特指以专项资金形式进行转移支付的资源配置方式⑤,其遵循"技术理性"的治国思维,既成为一种统合国家及社会各领域的新的治理模式⑥,也日益成为国家、社会的主导行为方式和内在运作逻辑⑦。但是在悲观派看来,项目制是集权制度运作过程在资源高度集中条件下的逻辑延伸⑧,项目制的跨级运作并没有改变科层制的效率低下⑨;而且项目制容易导致"官商勾结",加剧社会不公平⑩。

2)*中观层面:项目制的运作及主体关系*

在中观层面,学者对项目制的运作机制及其中的府际关系变化展开细致分析。项目制的分级运作机制,包含有国家部门的"发包"机制、地方政府的"打

① 杨莉.以需求把居民带回来——促进居民参与社区治理的路径探析[J].社会科学战线,2018(09):195-201.
② 叶继红,陆梦怡.社区"微自治"的两种逻辑及其优化路径——基于苏州市 S 街道的案例分析[J].中州学刊,2022(03):67-72.
③ 张必春."脸面观"视角下居民参与基层治理的逻辑分析[J].中州学刊,2024(02):87-94.
④ 王才章.地方政府社会治理创新的项目制运作[J].重庆社会科学,2017(03):71-78.
⑤ 周飞舟.财政资金的专项化及其问题——兼论"项目治国"[J].社会,2012,32(01):1-37.
⑥ 渠敬东.项目制:一种新的国家治理体制[J].中国社会科学,2012(05):113-130,207.
⑦ 郭琳琳,段钢.项目制:一种新的公共治理逻辑[J].学海,2014(05):40-44.
⑧ 周雪光.项目制:一个"控制权"理论视角[J].开放时代,2015(02):82-102,5.
⑨ 张向东.场域、边界及其产生的条件——评"项目制"研究[J].华东师范大学学报(哲学社会科学版),2018,50(6):121-126,176.
⑩ 黄宗智,龚为纲,高原."项目制"的运作机制和效果是"合理化"吗[J].开放时代,2014(05):143-159.

包"机制和村庄的"抓包"机制①;项目制重构了基层科层体系,政府内部动员机制由"层级动员"转向"多线动员"②;项目制还有一种"倒逼"机制,即多方围绕权责关系展开互动博弈,产生"控制—反控制"逻辑③。在不同运作机制中各级政府得以融入,推进了府际互动及关系演变:中央政府与地方政府、基层政府之间的关系得以重构④⑤,出现了政府共谋、相倚的现象⑥⑦。还有学者聚焦"项目治县",提出项目制通过抓打包、项目实施与推动、考核与激励、信息披露四大机制,正在改变县域治理模式和理念⑧。

3)微观层面:项目制的实施效果及影响

在微观层面,学者深入探究项目制落地实施后对基层社会及政社关系的影响。

(1)在农村地区,项目制被广泛运用于农地整治⑨、扶贫⑩、产业发展⑪、粮食增产⑫、公共文化服务⑬等诸多领域。然而,项目制在农村地区的实践中凸显出

---

① 折晓叶,陈婴婴.项目制的分级运作机制和治理逻辑——对"项目进村"案例的社会学分析[J].中国社会科学,2011(04):126-148,223.
② 陈家建.项目制与基层政府动员——对社会管理项目化运作的社会学考察[J].中国社会科学,2013(02):64-79,205.
③ 陈家建,张琼文,胡俞.项目制与政府间权责关系演变:机制及其影响[J].社会,2015,35(05):1-24.
④ 张良."项目治国"的成效与限度——以国家公共文化服务体系示范区(项目)为分析对象[J].人文杂志,2013(01):114-121.
⑤ 陈家建.项目化治理的组织形式及其演变机制——基于一个国家项目的历史过程分析[J].社会学研究,2017,32(02):150-173,245.
⑥ 史普原.政府组织间的权责配置——兼论"项目制"[J].社会学研究,2016,31(02):123-148,243-244.
⑦ 张向东.央地关系变化逻辑与政策实践的微观机理——兼论项目制的定位[J].四川大学学报(哲学社会科学版),2020(05):185-192.
⑧ 刘述良,吴少龙.县域项目制治理:理念与机制[J].上海交通大学学报(哲学社会科学版),2023,31(09):126-136.
⑨ 桂华.项目制与农村公共品供给体制分析——以农地整治为例[J].政治学研究,2014(04):50-62.
⑩ 李博.项目制扶贫的运作逻辑与地方性实践——以精准扶贫视角看A县竞争性扶贫项目[J].北京社会科学,2016(03):106-112.
⑪ 冯猛.项目制下的"政府—农民"共事行为分析——基于东北特拉河镇的长时段观察[J].南京农业大学学报(社会科学版),2015,15(05):1-12,137.
⑫ 龚为纲.项目制与粮食生产的外部性治理[J].开放时代,2015(02):103-122,5-6.
⑬ 刘丽娟,潘泽泉.赋权村社、激活自治与农村公共品有效供给[J].农村经济,2022(03):22-31.

多重困境,也引起诸多学者的广泛关注①,比如乡镇政府逐渐沦落为"协调型政权"②、村落"共同体结构的松动"③、村庄"去自治化"现象④、"乡政村治"的基层治理架构逐渐趋于形式化⑤、乡村治理形成"他治"模式⑥、基层治理内卷化⑦、"马太效应"愈加严重⑧⑨等。

(2)在城市社区,项目制主要运用于政府购买服务⑩、"三社联动"⑪、网格化管理⑫、居民自治⑬等领域。有学者肯定了项目制产生的积极效应,如社会组织获取了合法性⑭,政社之间形成了良好的"合作中的伙伴关系"⑮,缓解公共服务

① 吴映雪.乡村振兴项目化运作的多重困境及其破解路径[J].西北农林科技大学学报(社会科学版),2022,22(01):23-33.

② 付伟,焦长权."协调型"政权:项目制运作下的乡镇政府[J].社会学研究,2015,30(02):98-123,243-244.

③ 马翀炜,孙东波.项目的刚性嵌入及其后果——以哈尼族大沟村治污项目为中心的人类学讨论[J].贵州社会科学,2022(01):106-113.

④ 袁明宝."去自治化":项目下乡背景下村民自治的理想表达与现实困境[J].江西行政学院学报,2015,17(03):68-73.

⑤ 李祖佩.项目进村与乡村治理重构——一项基于村庄本位的考察[J].中国农村观察,2013(04):2-13,94.

⑥ 向玉琼,孟业丰.融合国家设计与村民主体性:乡村治理有效的路径[J].天津行政学院学报,2022,24(04):57-66.

⑦ 张良.资源下乡、行动者博弈与基层治理内卷化[J].华南农业大学学报(社会科学版),2021,20(05):118-129.

⑧ 彭晓岚,王贵琴.乡村公共物品供给项目制的"马太效应"及破解策略[J].领导科学,2022(01):134-137.

⑨ 杨善华."项目制"运作方式下中西部农村社会治理的马太效应[J].学术论坛,2017,40(01):30-34.

⑩ 杨荣.专业服务与项目管理:"社区为本"的社会工作发展路径探索——以北京市G社区为例[J].探索,2014(04):135-139.

⑪ 顾东辉."三社联动"的内涵解构与逻辑演绎[J].学海,2016(03):104-110.

⑫ 徐选国,吴柏钧.城市基层治理的社会化机制——以深圳市Z街"网格化管理社会化服务"项目为例[J].浙江工商大学学报,2018(02):122-131.

⑬ 赵秀玲."微自治"与中国基层民主治理[J].政治学研究,2014(05):51-60.

⑭ 向颖,卫松.项目制下社会组织"中标"的合法性获取机制——基于双重生产视角的一种分析[J].济南大学学报(社会科学版),2024,34(02):124-133.

⑮ 尹广文.项目制治理:一种新的社会组织治理的理论与实践[J].广西师范大学学报(哲学社会科学版),2016,52(03):39-45.

"最后一公里"难题①，提升基层组织能力②，促进社区治理体系更加完善③和合作治理的发展④。相反，另有学者指出项目制对社会组织发展及政社关系产生了消极影响，包括基层政府形成"借道"机制⑤，弱化专业社工在街区权力体系中的影响⑥，加剧社会组织服务供给困境⑦，造成社会组织发展的割裂与失衡⑧⑨。即使在自治领域，由于既有制度环境下形成的行动策略稀释了自治项目自下而上的制度逻辑，居民参与功能退化为一种辅助机制⑩，自治项目引导居民参与的效应还有待提升⑪。

1.2.3 技术治理研究

当前，学术界对技术治理存在两种理解，分别是"用技术进行治理"和"治理的技术"⑫。也就是说，学者对技术治理的研究，一类是指真正的科学技术在社会治理中的运用，另一类则把技术治理看作一种工作方法和思路。两种路径之下，产生了诸多极具参考价值的研究成果。由于本书对社区自治项目的研究，遵循的是第二条路径，即作为"公共管理技术"的技术治理，而非作为"科学技术运用"的技术治理。故而此处只梳理第二条路径的文章。

---

① 张振洋.自治项目嵌入、共同生产形成与公共服务"最后一公里"难题破解——基于上海市"乐妈园"项目的个案分析[J].天津行政学院学报,2022,24(05):77-86.

② 甘颖.组织化再造：基层组织能力提升的制度嵌入机制研究[J].华中农业大学学报(社会科学版),2022(01):140-148.

③ 王明.政府购买服务项目参与城市社区治理的运作逻辑[J].云南社会科学,2020(03):52-58.

④ 张振洋.公共服务项目化运作的后果是瓦解基层社会吗？——以上海市S镇"乐妈园"项目为例[J].中国行政管理,2018(08):47-52.

⑤ 黄晓春,周黎安.政府治理机制转型与社会组织发展[J].中国社会科学,2017(11):118-138,206-207.

⑥ 朱健刚,陈安娜.嵌入中的专业社会工作与街区权力关系——对一个政府购买服务项目的个案分析[J].社会学研究,2013,28(01):43-64,242.

⑦ 王清.项目制与社会组织服务供给困境：对政府购买服务项目化运作的分析[J].中国行政管理,2017(04):59-65.

⑧ 王向民.中国社会组织的项目制治理[J].经济社会体制比较,2014(05):130-140.

⑨ 刘安.社区社会组织何以"悬浮"社区——基于南京市B街道项目制购买社会服务的考察[J].中央民族大学学报(哲学社会科学版),2021,48(04):100-105.

⑩ 付建军.共识生产的技术化：居民自治项目的制度逻辑与实践审视——基于上海市L街道的案例研究[J].天津行政学院学报,2021,23(05):67-75.

⑪ 范梦衍,张卫.居民自治项目的运作机制研究——以S市M社区的个案为例[J].农村经济与科技,2017,28(08):216-218.

⑫ 刘秀秀.新时代国家治理中技术治理的双重维度及其出路[J].行政管理改革,2019(10):65-70.

在此研究路径下,学者们提出核心一致、表述各异的定义,其中具有代表性的观点认为技术治理是国家和社会治理理性化过程中的一种整体化运作逻辑,这是形形色色的社会治理实践背后的总底色,其核心构成要素包括组织化运作、民主化审议、项目化驱动、专业化推动四项要素[①],并具有避险避责、化约主义、追求工具理性等的特征[②]。基于此种理解,已有研究成果从技术分析转向技术背后的逻辑[③],并挖掘出其在增进社会福祉的同时存在问题与风险的两副面孔[④],进而对技术治理的剖析以运作逻辑和困境限度为主题,展开了在社区协商[⑤]、社区工作评估[⑥]、民意调查[⑦]、清单制[⑧]、项目制[⑨]、智库建设[⑩]等多领域的具体研究。作为政府实现社会治理创新的一种方式,项目制同样是技术理性在公共管理中的应用。一些学者敏锐意识到项目制中存在的技术治理特征及后果,如"双维嵌入和双重吸纳"的特征[⑪],产生使政府以工具主义的方式发展社会组织[⑫],使社工团队忙于应付技术任务反而导致目标虚化[⑬],使社会治理创新

① 黄徐强,张勇杰.技术治理驱动的社区协商:效果及其限度——以第一批"全国社区治理和服务创新实验区"为例[J].中国行政管理,2020(08):45 - 51.
② 张福磊,曹现强.城市基层社会"技术治理"的运作逻辑及其限度[J].当代世界社会主义问题,2019(03):87 - 95.
③ 杨宝,肖鹿俊.技术治理与制度匹配:社会工作本土化路径"双向趋同"现象研究[J].学习与实践,2021(10):108 - 118.
④ 张丙宣.技术治理的两幅面孔[J].自然辩证法研究,2017,33(09):27 - 32.
⑤ 黄徐强,张勇杰.技术治理驱动的社区协商:效果及其限度——以第一批"全国社区治理和服务创新实验区"为例[J].中国行政管理,2020(08):45 - 51.
⑥ 韩江风.技术治理逻辑下社会工作评估的失灵与优化——以 T 市 W 街道社会工作评估项目为例[J].理论月刊,2019(12):143 - 154.
⑦ 彭亚平.技术治理的悖论:一项民意调查的政治过程及其结果[J].社会,2018,38(03):46 - 78.
⑧ 李雪茹.治理现代化视域下我国城市基层技术治理的运作逻辑——基于"清单制"的考察[J].四川行政学院学报,2022(03):17 - 26.
⑨ 渠敬东,周飞舟,应星.从总体支配到技术治理——基于中国 30 年改革经验的社会学分析[J].中国社会科学,2009(06):104 - 127,207.
⑩ 雷环捷.构建有限智库体系:一个技术治理视角[J].自然辩证法研究,2024,40(02):20 - 28,82.
⑪ 解胜利,吴理财.从"嵌入—吸纳"到"界权—治理":中国技术治理的逻辑嬗变——以项目制和清单制为例的总体考察[J].电子政务,2019(12):95 - 107.
⑫ 黄晓春.中国社会组织成长条件的再思考——一个总体性理论视角[J].社会学研究,2017,32(01):101 - 124,244.
⑬ 黎熙元.社区技术治理的神话:政府项目管理与社工服务的困境[J].兰州大学学报(社会科学版),2018,46(03):33 - 39.

陷入了"诺斯悖论"困境①等后果。技术治理已经成为一种普遍的治理现象②,如何使技术治理和公共价值有机地融合起来,是当代社会治理持续创新的发展方向。

1.2.4　文献述评

综上所述,学术界关于社区自治、项目制及技术治理的知识积累为笔者研究社区自治项目化运作奠定了良好的基础。社区自治项目是社区自治工作内容与项目制形式的结合,进而又具有了技术治理的特征。有少数学者聚焦于社区自治项目展开了一定研究。概括而言,目前有关社区自治项目研究的主要特征:其一,从研究领域看,相较于当前城市基层日益增多的社区自治项目实践,学界对社区自治项目研究的数量与深度都还有待拓展与深化。其二,从研究视角看,学者习惯于将自治项目看作是项目制的一种,侧重从项目制视角研究自治项目的运行逻辑、运作机制。在这类研究中,学者将社区自治项目类同于社区服务项目,忽视了项目只是自治的载体,没有意识到自治项目的独特性在于促进居民参与。其三,从研究内容看,已有学者注意到社区自治项目在实践中并没有达到预期效果,也对项目制中技术治理的表现及后果展开一定的论述,但遗憾的是,现有研究没有对社区自治项目的实施绩效进行全面系统的评估,而且对如何破解项目制技术治理困境语焉不详。其四,从研究方法看,社区自治项目研究基本上依托于个案研究方法,提供了生动而有深度的现实素材,但定量研究尚付阙如③,对项目运作实际绩效缺乏统计分析。

基于上述分析,本书聚焦近年来在上海基层社会治理创新中出现的社区自治项目化运作实践,尤其是深入考察自治项目中的居民参与,采用定性定量相结合的研究方法,分析社区自治项目的实施过程、运作逻辑、治理绩效,并在公共性理论视野下探索其技术治理困境及破解路径。

---

① 付建军.当代中国社会治理创新的发生机制与内在张力——兼论社会治理创新的技术治理逻辑[J].当代世界与社会主义,2018(06):181-190.
② 刘永谋,李佩.科学技术与社会治理:技术治理运动的兴衰与反思[J].科学与社会,2017,7(02):58-69.
③ 姬生翔."项目制"研究综述:基本逻辑、经验推进与理论反思[J].社会主义研究,2016(04):163-172.

1.3　研究设计

1.3.1　研究思路与主要内容

本书将社区自治项目化运作视为研究中国基层治理创新的一个重要线索和一扇检视技术治理机制的新窗口。本研究以上海市 V 街道为例,基于社区自治项目化运作的实践探索,梳理出自治项目运作的不同类型,聚焦项目的流程,介绍项目立项、实施和结项三个环节的基本做法,分析相关主体的行动逻辑。进而,考察社区自治项目的治理成效与实践限度,揭示出自治项目化运作绩效不理想的根源在于项目制的技术治理特征阻滞了公共性生长,最后提出破解自治项目化技术治理困境的基本理念与具体路径。具体思路见图 1-1。

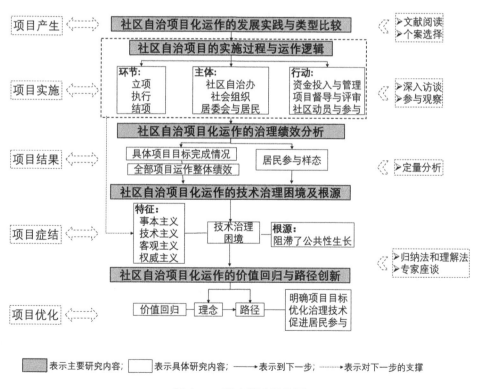

图 1-1　研究基本思路图

围绕社区自治项目的运作,本书的主要研究内容包括以下五个方面。

(1)社区自治项目化运作的发展实践与类型比较。本部分将在对自治项目进行概念界定和特征分析的基础上,简述上海基层治理改革中在社区自治工作方面的创新探索,说明社区自治项目化运作的产生背景、发展历程与类型比较。为突破行政整合过度与社区自治不足的城市基层社会治理困境,社区自治项目化运作就是将原来相对抽象的自治工作操作化,赋予居民参与以一定的资源,使居民在自治项目中解决实际问题,并提升合作自治的能力,从而完善社区合作治理结构。社区自治项目化运作已经成为基层社会的资源整合与服务提供的制度化方式。在具体实践中,社区自治项目呈现一定的差异化。基于分类角度的不同,可以把自治项目分成不同的类型。

(2)社区自治项目的实施过程与运作逻辑。本部分详细介绍项目运行的工作流程,并分析不同主体在其中的行动逻辑。社区自治项目的实施过程包含自治项目的立项、执行、结项等一系列体制和机制安排。社区自治项目化运作是依托于社区自治项目,多元主体通过协商、参与的方式共同解决公共问题的一个合作治理过程。政府作为购买自治服务的发包方,向社区投入一定的资源,以自治项目为抓手,推动社区基层自治创新。第三方社会组织接受基层政府的购买服务,负责整个街镇的社区自治项目的管理工作。居委会作为群众性自治组织,在社区自治项目运作中,有时会直接扮演自治项目的承接方,更多时候是在自治项目开展过程中起到动员居民参与以及引导居民协商的作用。居民作为自治项目预期的政策目标人群,也作为社区自治的重要主体,以不同的方式、渠道参与社区自治项目的全过程。

(3)社区自治项目化运作的治理绩效分析。本部分关注社区自治项目的实践效果如何,并以三种方式对自治项目进行绩效评价。其一是对每个具体的社区自治项目的绩效评价,相当于项目的结项评审,评估每个项目的完成情况。其二是对政府开展社区自治项目化整体工作的绩效评价,评估整个街道对此项工作的开展情况。其三,笔者借鉴"知信行"理论,建构了测量居民参与样态的指标体系,并设计和发放问卷。进而对参与过自治项目和没有参与过自治项目的居民在"知信行"以及效能感上的差别进行比较,分析得出居民的参与样态基本上还是以"被动式参与"和"配合式参与"为主,而"主动式参与"还比较少。这也在一定程度上反映了自治项目运作的实践限度。

(4)社区自治项目化运作的技术治理困境及根源。本部分指出当前社区自治项目运作存在实践限度的根源在于项目的技术治理特征阻滞了公共性生长。社区自治项目所孕育的公共性,就是以平等、参与、共享的公共价值为引导,以居民公共生活的社区为场域,以居民参与的公共精神为基础,谋求公共利益的最大化。然而,社区自治项目化运作技术治理的主要特点是目标导向的事本主义、过程管理的技术主义、评价指标的客观主义、主体结构的权威主义。这导致社区自治项目化运作没有实现预期的政策目标,因为事本主义弱化了政府的公共价值追求,技术主义抑制了居民的公共精神培育,客观主义遮蔽了社区的公共生活属性,权威主义阻滞了社会的公共利益实现。概言之,项目制的技术治理逻辑再生产了主体间的"中心—边缘"关系,销蚀了公共性的生长。

(5)破解社区自治项目"技术治理"困境的策略与路径。本部分提出破解社区自治项目化运作技术治理困境的基本策略与具体路径。在策略上,强调社区自治项目中技术治理与公共价值的平衡,以价值回归的理念来超越技术治理背后的工具理性视角,尤其是在社区治理共同体建设的背景下,寻求公共性视角下的政府治理与社会协同、居民参与在自治项目中的良性互动。在路径上,探索将宏观的、抽象的公共性价值落实到微观的公共行政和具体的公共生活中去的实践机制。从明确项目目标、注重公共性培育,优化治理技术、增强项目管理效度,促进居民参与、夯实自治社会基础三方面提出完善社区自治项目化运作的具体举措,让公共性真正落实于项目治理过程。

1.3.2　理论基础

此部分笔者在梳理合作治理理论和公共性理论的基础上,说明其为何适用社区自治项目化运作的分析,并介绍在研究中将如何使用这两个理论构建分析框架。

1)合作治理理论

自 1989 年"治理"这个概念最初被世界银行提出以来,并很快在西方学界流行开来,在管理学、政治学、社会学等领域被广泛运用。经过二三十年的发展,在公共管理领域,治理理论形成了一个内容丰富、各有侧重的理论体系。其中以新公共服务理论、网络(化)治理理论、整体性治理理论、数字治理理论、公共价值管理理论为代表的公共治理五大前沿理论影响最大①。此外,还有多中心治理、协同治理、参与式治理等,也被引介到国内并被广泛传播。对于"合作治理"学界目前没有清晰的界定,主要有两种观点,一种是认为合作是治理的重要特征②,将合作治理与治理或公共治理不加刻意区分,并认为合作治理具有契约主义、公民主义、社会建构、网络治理、公共价值、动态系统共六种研究途径③;另一种观点认为合作治理是治理中的一种,尤其将合作治理与协同治理相区分。有学者把协商治理、协作治理、协同治理与合作治理进行对比辨析,发现四者在外延上都强调多元主体共同参与,但不同的是,合作治理中的主体地位平等,不存在等级关系;在内容上,合作治理涵盖的范围也最全面,从政策制定、政策执行到相互监督等包括各个环节④。笔者倾向于第一种观点,因此除非是在特定语境下,文中对相关概念不作强烈区分。合作治理是一种为实现公共目标,公共部门、私人部门以及非营利部门之间所进行的跨部门权力共享过程⑤;是一种与后工业社会相适应的治理模式,是社会治理变革的归宿⑥。

笔者认为合作治理理论适用于研究社区自治项目化运作,主要是因为社区自治项目的运作本质上是多元主体通过协商、参与的方式共同解决公共问题的过程,符合合作治理的基本特征。首先,治理主体的多元性。社区自治项目涉及的主体包括基层政府、居委会、社会组织、居民等。其次,根本目标的整合性。社区自治项目的根本目标是通过项目激发居民的参与,进而推进社区公共事务,优化社区公共秩序。这符合多元主体长远利益,因而是具有整合性的公共利益。再次,公共权力的分散性。在社区自治项目化运作中,政府部门不再是唯一的权力中心,而是将权力分享给其他治理主体,使他们从不同角度参与到

① 韩兆柱,翟文康.西方公共治理前沿理论述评[J].甘肃行政学院学报,2016(04):23-39,126-127.
② Salamon, L.M. The Tools of Government: An Introduction to the New Governance[M]. New York: Oxford University Press,2002:101.
③ 吕志奎.通向包容性公共管理:西方合作治理研究述评[J].公共行政评论,2017,10(02):156-177,197.
④ 颜佳华,吕炜.协商治理、协作治理、协同治理与合作治理概念及其关系辨析[J].湘潭大学学报(哲学社会科学版),2015,39(02):14-18.
⑤ 敬乂嘉.合作治理:历史与现实的路径[J].南京社会科学,2015(05):1-9.
⑥ 张康之,张乾友.民主的没落与公共性的扩散——走向合作治理的社会治理变革逻辑[J].社会科学研究,2011(02):55-61.

社区公共事务的治理中来。最后,治理主体的相对平等。在中国基层社会治理"一核多元"的语境下,各主体之间并不是绝对平等的,社区自治项目运作也是在党的领导以及行政的主导之下开展的。

因此,本书将使用合作治理理论来分析社区自治项目是如何运作的,以及未来应该如何优化社区自治项目。具体而言,从两个层面来使用合作治理理论。其一,将"合作治理"当作一个分析性的概念,尝试展现社区自治项目的推进过程中各主体的博弈互动以及项目的运作机制,探究合作的过程是如何展开的,也就是说希望打开合作治理过程的"黑匣子"。其二,将"合作治理"当作一个值得追求的"应然"目标,在对策建议部分,按照合作治理的理想目标与特征提出优化社区自治项目运作的具体举措。总的来说,本书就是要通过社区自治项目这一载体来思考如何建立一个通过多元参与、充分协商的方式来解决公共事务问题的合作治理体系。

2)公共性理论

在西方学界,有关"公共性"的思想理论源远流长,文献汗牛充栋,其发展大致可以分为三个阶段。其一,最早对公共性展开探讨的是在政治哲学领域。这可溯源到古希腊时期的城邦政治生活,彼时公共性意味着公平、正义,以实现城邦的公共利益。到了近现代,阿伦特(Hannah Arendt)和哈贝马斯(Jürgen Habermas)是研究公共性的两个代表人物。前者在区分劳动、工作和行动的基础上,阐释了政治现象的公共性本质,认为公共性是公共领域的核心理念,表现为公开展现性和差异共在性。后者认为资产阶级公共领域是公共性得以展现的空间,公共性通过广大公众在交往过程中的舆论表现出来,突出公众基于理性原则对公共权力和公共事务的评判功能。根据任剑涛的归纳,"自由主义、共和主义与新左理论的'公共'言述,构成当代西方三种不同的、有关'公共'的政治哲学"①。这三种政治哲学分别提供了对公共性的政治、道德和社会的不同理论解读视角。公共行政是国家治理的现实开展,是国家公共性的具象化和现实载体。其二,随着公共行政实践的不断展开,对公共性问题的探讨开始在公共行政学科领域兴起。"公共行政的发展史就是一部探索改进公共性实现方式

---

① 　任剑涛.公共与公共性:一个概念辨析[J].马克思主义与现实,2011(06):58-65.

的历史"①。公共性是公共行政学的本质属性，而且，"公共性在公共行政学百余年的发展历程中呈现出回环往复的钟摆运动现象"②。学界形成了对公共行政公共性的多维视角，包括"在价值取向的意义上维护公共行政的公共性、在公共利益的制度安排中去把握公共行政的公共性、在伦理以及道德的维度中去发现公共行政的公共性"③。而且，当前的公共行政的身份危机也是源于公共性的失落。其三，更进一步地，尤其是在新公共管理运动之后，西方公共性研究开始拓展到城市空间及公共政策领域。而且，学界还发展出了对公共性的测度方法，主要包括公共性效应维度模型、公共性程度评估量表、公共性匹配三维模型④。总的来说，公共性理论在西方学界呈现起步早、发展快、成果丰硕的特征。

虽然从严格意义上来说公共性理论产生于西方，但并不意味着传统中国没有关于"公"与"私"的思考。我们大致也可以把中国公共性的相关研究分成三个阶段。

首先，中国传统社会也有着悠久的关于公与私的论辩，虽然未能形成系统论证的政治哲学体系，但其中不乏关于公共意识、公共精神的阐述。一方面，汉以后的中国传统社会大都以儒家思想为意识形态基础，强调礼治、德治、仁政、养民等理念，并通过皇权和相权分立、科举考试选择官员等制度设计，赋予家族王朝统治模式一定的公共性；另一方面，在修身、齐家、治国、平天下的公共情怀中，中国人构筑起从个人到天下的公共性延展模式⑤。一般来说，传统中国语境中的"公""私"，分别代表皇权之"义"和个人之"利"，没有西方语境中尊重个人之"私"、保护个人之共同的"公"的蕴涵，更没有立足于私人领域而展开并形成与国家抗衡意义上的"公"。还有学者将公共性视为某一文化圈里的成果所能共同享受的某种利益，因而共同体承担相应义务的制度的性质，进而判定在政治领域中，中国传统社会呈现的是权威主义型公共性，区别于日本的权力主

①　张康之.论"公共性"及其在公共行政中的实现[J].东南学术,2005(01):49-55.
②　丁煌,梁健.探寻公共性:从钟摆到整合——基于公共性视角的公共行政学研究范式分析[J].江苏行政学院学报,2022(01):96-103.
③　张雅勤.公共行政的公共性:思想回顾与研究反思[J].上海行政学院学报,2011,12(06):52-62.
④　王明杰,李晓月,王毅.西方学界公共性理论研究评述及展望[J].公共管理与政策评论,2021,10(04):155-168.
⑤　夏志强,谭毅.公共性:中国公共行政学的建构基础[J].中国社会科学,2018(08):88-107,206.

义型公共性和欧美的权限主义型公共性①。可见,传统中国的公共性论述在概念界定、实践逻辑上都有别于西方,而这在很大程度上又与传统中国"差序格局"的社会结构有关。"以某个个体为中心而扩张形成的社群在社会生活中起到了决定性的作用。中国所谓的公共领域实际是由私人领域扩张与转化而来,或者受到私人领域的支配。中国社会的公共性供给在相当程度上依赖与取决于处于'差序格局'中心的某个个体或某一批个体的道德性"②。

其次,随着现代中国公共行政理论与实践的发展,国内学界对公共性的研究也不断增多,并明显受到西方公共性理论的影响。学者有的将公共性理解为公共组织与私营组织的产权差异,有的将公共性视为现代政府行为活动的价值取向,有的从公共事务和公共产品的角度来探讨行政的公共性,有的将公共性作为对政府与社会的互动场域的描述。当然,在中国公共行政学建构中所形成的公共性具有自身的独特性。与西方建基于"政治—行政"二分的宪政框架、分权制衡制度不同,中国实行的是执政党领导下议行合一的人民民主体制,因而,中国政治权力的公共性主要表现在中国共产党对全民族、全社会利益的代表与整合,所谓"立党为公、执政为民"即为写照。换言之,"中国公共行政权力的公共性被融合进执政党所统领的权力的公共性之中"③。

最后,近些年,中国学者对公共性的研究超越了公共行政领域,拓展到对社会公共性、社区公共性、社会组织公共性等。实际上,"公共领域由社会公共领域和公共权力领域两部分组成"④。其中,公共权力领域是指国家权力领域,对应的是公共行政领域的公共性;而社会公共领域是指私人与国家发生关联之中间地带,对应的是社会领域的公共性。国内对于社会公共性的理解中,以李友梅等学者的观点较有代表性,"公共性涉及的是人们从私人领域中走出来,就公共性问题开展讨论和行动,在公开讨论和行动中实现自己从私人向公民的转化的一种状态"⑤。公共性集中体现在公众参与公共活动的过程和参与机制中达

①　李明伍.公共性的一般类型及其若干传统模型[J].社会学研究,1997(04):110-118.

②　张江华.卡里斯玛、公共性与中国社会:有关"差序格局"的再思考[J].社会,2010(05):1-24.

③　夏志强,谭毅.公共性:中国公共行政学的建构基础[J].中国社会科学,2018(08):88-107,206.

④　王维国.公共性及其一般类型[J].新视野,2010(03):40-42.

⑤　李友梅,肖瑛,黄晓春.当代中国社会建设的公共性困境及其超越[J].中国社会科学,2012(04):125-139,207.

成的"公"或"公意"。而对社区公共性的研究,不同学者虽然有不同的内涵界定与维度划分,但也达成基本的共识,认为社区公共性涵盖社区交往、互动、参与等行动要素以及在行动中形成的社会资本要素和社区公共精神、认同、道德等价值要素①。还有关于社会组织公共性,学者多数认为是社会组织所开展的活动与公众、共同体(集体)之间的关联程度,是社会组织在公共空间中角色与功能的塑造和发挥②。

笔者认为公共性理论适用于研究社区自治项目化运作,主要是因为政府推动社区自治项目,一方面是政府采购社会组织的培育居民自治的专业服务,该行政行为中蕴含着追求公共价值、实现公共利益以及提供公共物品的行政公共性;另一方面,政府本意也是将自治项目作为培育居民公共意识、促进社区居民参与的载体,该社会过程中蕴含着以社区和社会组织为主体的社会公共性。换言之,社区自治项目既是政府公共行政行为的一部分,也是居民公共社区生活的一部分,同时承载着行政公共性和社会公共性的一些基本元素。

因此,本书将公共性理论运用到社区自治项目中来,认为社区自治项目是公共性元素得以呈现的载体,也是公共性事件得以展开的过程。具体而言,社区自治项目的公共性是一个包含"价值—主体—行动—结果"的复合结构(见图1-2)。"价值"是指社区自治项目运作所希冀追求的公共价值理念,比如政府购买自治服务时应秉持行政行为公平正义的价值取向、居民在社区自治中应具备愿意承担公共责任的价值取向,以及各方主体应认同实现社区公共利益的价值取向等,这是社区自治项目运作中公共性展开的起点。"主体"是指社区自治项目运作中所涉及的利益相关方,主要包括政府、社区自治组织、社区社会组织和居民。其中政府是自治项目的发包方,社会组织是项目的打包方,社区自治组织或社区草根组织是项目的抓包方(承接方),而居民是社区自治项目的参与

---

① 高红.城市基层合作治理视域下的社区公共性重构[J].南京社会科学,2014(06):88-95;李蔚.何谓公共性,社区公共性何以可能?[J].河南师范大学学报(哲学社会科学版),2015,42(04):23-27;黄锐.城市社区治理中的公共性构筑[J].人文杂志,2015(04):116-120;谷玉良.转型社区公共性变迁及其治理研究[J].宁夏社会科学,2018(04):163-170.

② 唐文玉.社会组织公共性:价值、内涵与生长[J].复旦学报(社会科学版),2015,57(03):165-172;韩小凤,苗红培.我国社会组织的公共性困境及其治理[J].探索,2016(06):136-141;耿依娜.价值、结构与行动:当代中国社会组织公共性评价的三维分析[J].云南大学学报(社会科学版),2019,18(03):118-125.

者,这些主体是社区自治项目公共性展开的人格载体。"行动"是指社区自治项目运作过程中各主体在特定情境中所产生的行为及其特征,比如政府在发包项目时对项目类型有无倾向性选择,居委会在承接项目时如何考虑项目内容的设计,居民在参与时采取何种参与方式等,这些行为直接推动着社区自治项目的进展,并决定着社区自治项目公共性水平的高低。一般来说,相关主体越是采取协作、合作的行为方式,社区自治项目的公共性就越高。"结果"是指社区自治项目实施后产生的公共产品及其对社区公共利益的实现程度,这有赖于对社区自治项目绩效进行科学、全面的评估,同时也是社区自治项目公共性展开的终点。社区自治项目公共性的"价值—主体—行动—结果"构成一个完整的系统。"价值"是统领性的,也是基础性的,公共价值引领着"主体"的意识、"行动"的过程,最终推动"结果"的实现。换言之,社区自治项目公共性体现在相关主体基于公共价值理念,采取协同合作的行为来推进社区自治项目开展,最终提供社区公共产品、实现社区公共利益的整个过程中。本书将社区自治项目化运作视为一个公共性不断生长、变化、流失、改造的复杂事件过程,既是行政公共性展开的过程,也是社会公共性培育的过程。

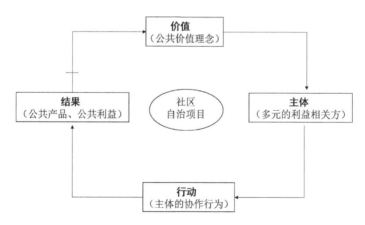

图 1-2　社区自治项目公共性的复合结构

1.3.3　分析框架

在梳理合作治理理论和公共性理论并论证其在本研究中的适用性之后,笔者将紧紧围绕核心问题与研究目标,整合这两个理论,构建对社区自治项目化运作的分析框架。

　　本书关注的核心问题是,旨在培育居民自治意识和能力的社区自治项目是否实现了促进居民参与、完善社区自治的初衷? 围绕此核心问题,本书将探讨以下几个具体问题:作为创新基层自治工作的一种载体,社区自治项目是如何运作的? 社区自治项目化运作的治理绩效如何? 影响社区自治项目化运作绩效的主要因素是什么? 应该如何完善社区自治项目化运作? 因此,本书的研究目标就是,聚焦近年来在上海基层社会治理创新中出现的社区自治项目化运作实践,尤其是深入考察自治项目中的居民参与,采用定量定性相结合的研究方法,分析社区自治项目的实施过程、运作逻辑、治理绩效,探索社区自治项目化运作中的技术治理困境及破解路径,促进社区自治的发展创新。

　　如前所述,社区自治项目是公共性元素得以呈现的载体,也是公共性事件得以展开的过程,同时,社区自治项目的公共性是一个包含"价值—主体—行动—结果"的复合性结构。事实上,"公共性是对共同生产和共同生活的理性建构,其本质上是协作"[①]。因此,只有研究清楚社区自治项目运作中各主体是如何协作的,才能使我们对社区自治项目公共性的理解有了技术环节和物化基础。也就是说,政府采取社区自治项目化运作的方式来推进基层自治创新,本来就蕴含着自治项目应该承担着公共性建构物化基础的意思。社区自治项目的公共性建构能否实现预期目标,在很大程度上就取决于自治项目运作过程中各多元主体合作治理的情况。

　　社区自治项目化运作是多元主体通过协商、参与的方式共同解决公共问题的过程,也即一个合作治理的过程。政府作为购买自治服务的发包方,向社区投入一定的资源,以自治项目为抓手,推动社区基层自治创新。当然,基层政府往往不会直接来负责整个街镇的社区自治项目的管理工作,而是把这项工作打包委托给社会组织来做。那社会组织就承担着项目的指导、监督与评估等一系列管理工作。居委会作为群众性自治组织,在社区自治项目运作中,有时会直接扮演自治项目的承接方,更多时候是在自治项目开展过程中起到动员居民参与以及引导居民协商的作用。居民作为自治项目的预期的政策目标人群,也作

---

①　罗梁波.公共性的本质:共同体协作[J].政治学研究,2022(01):94-105,159.

为社区自治的重要主体,以不同的方式、渠道参与到社区自治项目的全过程。比如在项目立项环节,居民可以表达自己的诉求,使项目的设计目标更加符合居民的需求;又如在项目的实施环节,居民可以作为志愿者参加到项目的活动开展中去;再如在项目的结项环节,居民可以参与到项目的绩效评估中去,反馈自己的满意度以及对项目的改进意见。

因此,笔者整合公共性理论和合作治理理论,建构出对社区自治项目的分析框架(详见图 1 - 3)。其中,运用公共性理论来搭建研究社区自治项目的"价值—主体—行动—结果"的总体逻辑,并用合作治理理论来聚焦分析社区自治项目中的多元主体及其在项目运作的不同环节里所采取的行动。本书希望通过研究表明,公共性在社区自治项目化运作中,有着量的不断流失和质的变异置换。由于社区自治项目运作的技术治理特征导致所希冀达到的行政公共性和社会公共性都有不同程度的流失。而这又与当前社区自治项目运作中的多元主体之间的"形式化的合作",而非是真正意义上的平等协商的合作有关。未来要完善社区自治项目化运作,需要优化多主体的合作治理,增强公共性。

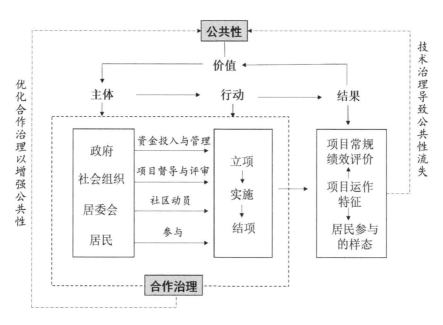

图 1 - 3　本研究的分析框架

1.3.4 研究方法与数据来源

(1)在研究方式上,采用基于个案的实地研究方法。本研究以笔者自己居住所在的 V 街道为研究基地,因为该街道的自治项目在全市范围起步较早、发展较好,而且笔者在 2015 年时在 V 街道社会组织服务中心挂职锻炼过一年,后续也经常作为专家参与到自治项目的评审工作中来。该街道位于上海市 M 区西北部,面积不到 8 平方千米。根据街道官网信息显示,街道现下辖居委会 40 个,居民小区 118 个,实有人口 16.41 万,户籍人口 11.39 万。

(2)在收集资料上,主要采用参与观察、深入访谈和问卷调查方法。①参与观察社区自治项目的立项、执行、结项过程,了解项目的社区自治办公室(后文简称"社区自治办")、社会组织、居委会与居民等主体在资金投入与管理、项目督导与评审、社区动员与参与等方面的行为表现。②深入访谈不同参与主体,包括基层政府、居委会、社会组织与居民,了解其在自治项目运作中的利益取向与行动策略。由于受一些主客观因素影响,调研时有中断,陆续共访谈各类主体约 40 人。③开展问卷调查,测量居民参与的认知、意愿、行为特征、效能感等,描述居民参与样态,为评估社区自治项目治理绩效奠定基础,发放问卷近 300 份左右。④收集文献资料。在实地研究中,收集了社区自治项目的实施方案、工作计划、工作报告、活动记录等工作资料。这些资料为研究提供了重要的实证依据,帮助笔者更加深入地了解社区自治项目的运作情况,并从中发现问题、提出建议。

(3)在分析资料上,使用定性分析和定量分析相结合的方法。一方面,运用文本分析的方法,对参与观察、深入访谈以及实地收集的文字材料,进行分类、归纳等,从而获得对资料的深入理解;另一方面,采用统计软件对问卷数据进行统计分析,了解居民参与的特征。

1.3.5 研究的创新点

本研究的创新点体现在以下几个方面。

(1)学术领域新拓展。笔者将项目制研究延伸到社区自治领域,并展开深入研究。本书所依托的上海哲学社会科学课题立项当年,学界基本上还没有将自治与项目结合起来进行研究的,近几年已经有一些相关的研究了,但社区自治项目研究的数量与深度都还有待拓展与深化。本书聚焦到自治项目的技术治理特征上来分析其产生实践限度的根源,并在社区治理共同体视域下强调社区自治项目中的价值回归,在深度上有所提升。

(2)理论视角新探索。笔者整合合作治理理论和公共性理论,建构出对社区自治项目的分析框架。一方面,社区自治项目化运作是多元主体通过协商、参与的方式共同解决公共问题的过程,也即一个合作治理的过程。另一方面,社区自治项目是公共性元素得以呈现的载体,也是公共性事件得以展开的过程,同时,社区自治项目的公共性是一个包含"价值—主体—行动—结果"的复合性结构。据此分析框架来呈现社区自治项目的实施过程与运作逻辑,进而分析社区自治项目化运作的技术治理困境,最后基于技术治理与公共价值的平衡,在社区治理共同体视域下强调公共性建设,以此来探索超越技术治理的路径。

(3)研究内容新尝试。现有研究将社区自治项目类同于社区服务项目,忽视了项目只是自治的载体,没有意识到自治项目的独特性在于促进居民参与,而且对自治项目运作实际绩效缺乏统计分析。而本研究则尝试对社区自治项目的治理绩效以三种不同的方式进行测评,尤其强调将居民参与样态作为评价自治项目运作绩效的核心要素。本研究借鉴"知信行"理论,建构了测量居民参与样态的指标体系,对参与过自治项目和没有参与过自治项目的居民在"知信行"以及效能感上的差别进行比较,以此来着重反映自治项目的绩效水平。

第 2 章

社区自治项目的发展实践与类型比较

本部分将在对自治项目进行概念界定和特征分析的基础上,简述上海基层治理改革中在社区自治工作方面的创新探索,说明社区自治项目化运作的产生背景、发展历程与类型比较。

2.1 社区自治项目的内涵与特征

本书的研究对象是在城市基层社会治理创新中涌现出来的社区自治项目。要解释"社区自治项目"这一核心概念的内涵与特征,需先介绍什么是"社区自治"和"政府购买服务项目"。

2.1.1 社区自治

学术界一般采用《布莱克维尔政治学百科全书》中对"自治"的解释,"自治是指某个人或集体管理其自身事务,并且单独对其行为和命运负责的一种状态"[①]。自治的概念引入社区研究后,学者们并没有获得对社区自治一致的理解,在谁是社区自治的主体、谁是社区自治的对象、社区自治如何操作等问题上存在着争论。目前关于什么是社区自治,学术界主要有两种观点。第一种观点是桑玉成等提出的,"社区自治是政府管理之外的社会自治,即政府管理行政事务,而社区居民通过自己选举产生的自治组织来管理社区公共事务"[②]。第二种观点由陈伟东等人提出,从"自组织"理论的角度解释社区自治,他们认为"所

---

① 邓正来等编译.布莱克维尔政治学百科全书[M].北京:中国政法大学出版社,1992:693.
② 桑玉成.从五里桥街道看城市社区管理的体制建设[J].政治学研究,1992(02):40-48.

谓城市社区自治,是指不需要外部力量的强制性干预,社区各种利益相关者习惯于通过民主协商来合作处理社区公共事务,并使社区进入自我教育、自我管理、自我服务、自我约束秩序的过程"①。本书认为前者定义过于强调政府管理与社会自治之间的割裂,不符合我国当前的实际情况;而第二种定义能够反映我国现阶段的实际,而且不违背未来社会发展的走向,但是该定义采取的是广义界定方法,认为社区自治的主体包括各种利益相关者,自治的对象是各种社区公共事务,而自治的过程是相关主体面对面协商取得共识、消除分歧、解决冲突、增进信任,开展合作治理。

　　笔者认为这样对社区自治的界定有些泛化,使其几乎等同于社区治理。事实上,社区自治作为社区治理中的一个重要组成部分。社区治理是在法制化、规范化的前提下,由政府行政组织、社区党组织、社区自治组织、社区非营利组织、辖区单位以及社区居民等多元主体共同管理社区公共事务的活动②。我国城市社区治理大体上可以划分为"居民自治"和"社区共治"两个不同层面③。这是由社区既是国家治理单元,同时又是共同生活单元所决定的。当强调社区作为国家治理单元时,由于单一主体具有一定局限性,复杂的社区公共事务需要多元主体参与治理,才能实现公共物品的有序、有效供给来满足居民多样化的需求,突出的是社区治理中"共治"的一面;当强调社区作为居民生活共同体时,居民是社区的主体,况且每个社区都有各自不同的差异化的特征与需求,因此,需要居民进行自我教育、自我管理、自我服务,形成自组织的良性秩序,体现的是社区治理中"自治"的一面。因此,本书认为社区自治是指在社区党组织领导下,在国家法律规定的范围内,社区居民和业主通过居民委员会、业主委员会这两个正式的组织形式或者是依托社区内生型社会组织这一相对非正式的组织化载体,对本居住区的各项与居民切身利益相关的公共事务的管理和建设拥有自主权和自决权,实现自我管理、自我教育、自我服务的过程。

　　对于这个界定,补充说明两点。其一,社区自治不仅包括居民自治,也包括

---

① 陈伟东.社区自治[M].北京:中国社会科学出版社,2004:196.
② 邱梦华.城市社区治理[M].北京:清华大学出版社,2019:22.
③ 易臻真,文军.城市基层治理中居民自治与社区共治的类型化分析[J].安徽师范大学学报(人文社会科学版),2017,45(06):741-749.

业主自治。"既有研究大多将体制性的居民自治与社会性的业主自治分开讨论"①,但在现实的生活实践中,这两者并不是完全独立分开的,而是交织和融合在一起的。其二,即使是居民自治,不仅包括居民通过选举产生居委会进行自治,也包括通过由居民自发组织起来的社区草根组织(有些地方也称"社区群团组织"②)进行的自治。

根据以上论述,可见社区治理和社区自治两者之间具备以下联系与区别(详见表 2-1)。

表 2-1　社区自治与社区治理的比较分析

	区别		联系
	对象	主体	
社区治理	涉及的内容更广泛,包括社区服务事务、社区行政事务、社区自治事务等	街道办事处、社区党组织、居委会、社区社会组织、驻社区单位、居民等构成多元的主体体系(更突出党的领导和国家的作用)	(1)两者共同蕴含于社区建设和发展过程中
社区自治	社区内关乎居民切身利益的公共事务和公益事业(如社区环境的绿化、社区活动设施、社区医疗卫生设施等)	社区居民、业主是最主要的参与主体(政府仅仅是起到倡导和指导作用)	(2)社区自治是社区治理的一个方面。居民参与社区自治是实现社区治理现代化的重要基础

2.1.2　政府购买服务项目

社区自治项目中的"项目"二字,其实是指"政府购买服务项目"。"项目"概

---

① 王德福.社区人格化自治及其逻辑——兼论社区自治体系重构[J].西南大学学报(社会科学版),2023,49(01):43-53.

② 根据上海市民政局 2021 年下发的《关于高质量发展上海社区社会组织的指导意见》和《上海市高质量发展社区社会组织专项行动实施方案》两个文件(简称 1+1 文件),把社区社会组织分为注册社会组织、群众活动团队和社区活动小组三个层级。本书将群众活动团队和社区活动小组统称为"社区草根组织",即内生型的社区社会组织。

念最早源于工商管理领域,通常是指一个独特的将要被完成的有限任务,是在特定时间、预算内满足一系列明确目标的多项关联活动的总称。项目具有目标明确性、组织的临时性、实施的一次性、资源的有限性的特征。随着公共管理领域的改革,"项目"被作为一种有效的管理办法引入国家治理领域当中,"项目制"应运而生。项目制是中央或者上级政府为实现一定国家政策意图,在常规的财政资源分配体制和治理体制之外,以专项化方式实现资源配置的一种制度安排①。早期,项目制的运用范围是用于纵向的政府体制内部,解释政府体制内不同层级之间的关系。后来,项目制的运用范围逐步扩展到政府与社会之间的关系领域当中,并形成了"政府购买服务项目"这一概念,即变成了政府用来激励社会组织参与公共服务供给的一种方式。财政部于 2020 年颁布的《政府购买服务管理办法》,将"政府购买服务项目"明确界定为各级国家机关将属于自身职责范围且适合通过市场化方式提供的服务事项,按照政府采购方式和程序,交由符合条件的服务供应商承担,并根据服务数量和质量等因素向其支付费用的行为。考虑到在社区治理中,政府购买服务的主要对象是社会组织,因此,本书将政府购买服务项目定义为通过公开招标、竞争磋商或定向委托等形式,政府将公共服务通过专项项目的形式交由社会组织进行生产,并以项目运行标准流程对承接服务主体进行监督,依据考核结果向他们支付费用。当前,"推行政府购买服务项目是推动社会治理重心下移、丰富基层社会资源与服务供给渠道的重要方式,是实现基层政府职能转移与促进社会治理现代化的重要内容"②,政府购买服务项目已成为我国推进社会治理创新的重要载体。

2.1.3　社区自治项目

在明确了"社区自治"和"政府购买服务项目"之后,我们就可以理解"社区自治项目"是"社区自治"和"项目"两个概念的结合。其中,社区自治是社区治理工作理念,也是希冀达到的目标;而项目是实现社区自治的载体,也是实现自治目标的手段。社区自治项目就是以政府为主的公共部门投入一定的资金,激发居民参与到社区治理中来,聚焦居民需求、设计并运行项目以解决社区公共

---

① 周雪光.项目制:一个"控制权"理论视角[J].开放时代,2015(02):82－102,5.
② 王明.政府购买服务项目参与城市社区治理的运作逻辑[J].云南社会科学,2020(03):52－58.

问题,进而对项目结果进行验收,以此来促进社区自治发展。例如 V 街道的"自治金"项目、联洋街道的"微自治"项目等。一般来说,社区自治项目的操作过程包括:首先,由街镇面向居委会及辖区内的居民"发包";其次,居委会或社区草根组织在征集居民需求与建议的基础上,设计项目内容,撰写自治项目申报书,由街镇审核通过后立项,完成"打包"与"抓包";再次,进行项目的具体实施,即"拆包",并要通过街镇的结题评审,即"验包";最后,有些还要进行经验总结与分享,即"传包",希望实现自治项目的可复制与可推广[①]。而"居民区自治工作项目化运作"通常是指将居民区自我教育、自我服务、自我管理、自我监督工作进行分解、整合,以一个个单一项目的形式进行推进落实,以提升居民自治成效。由于社区自治项目是社区自治项目化运作的载体,因此本书将交替使用"社区自治项目"和"社区自治项目化运作"两个概念。

社区自治项目具有什么样的特征呢? 考虑到社区自治项目是"社区自治"与"政府购买项目"交织的复合体,因此,以下将社区自治项目与"传统自治工作"和"一般的政府购买服务项目"分别进行比较来分析社区自治项目的特征。

社区自治项目化运作与传统自治工作一样,都旨在促进居民参与社区公共事务来实现社区自治。两者的不同之处在于前者采用了项目作为自治工作的载体,而后者只是居委会的重复性常规工作中的一种。具体而言,两者的差别在于(见表 2 - 2):其一,传统自治工作往往没有明确的目标与时限,淹没在琐碎的、持续的、重复的日常工作中;而社区自治项目因为依托于项目,有明确的工作目标与起止时间要求,必须在特定的时间节点交付工作成果。其二,传统自治工作开展时往往苦于没有专门的资金投入和人员投入,即使居民针对某个社区公共问题有某种社区需求,也常由于没有经费而不能有所行动;社区自治项目则有明确的、特定的资源投入,包括专项的自治经费和动员出来的居民等,这在很大程度上解决了开展自治工作面临的"无米之炊"的困境。其三,传统自治工作嵌入于居委会的常规工作中,主要依赖居委会成员的工作经验以及行政化工作方法,自治工作开展得好差在很大程度上取决于居委会书记和主任的个人偏好、工作能力及其注意力分配等;而社区自治项目则通常采用项目管理的

---

① 张振洋.城市基层自治项目的分级运作机制探析——基于上海市 S 镇"乐妈园"项目的分析[J].社会主义研究,2018(02):87 - 97.

方法和工具,包括制定计划、分解任务、监控进度和风险等,作为项目发包方的基层政府往往制定了一系列的项目管理制度来规范自治项目的开展。当然一般不是由政府出面直接进行管理,而是委托外部的社会组织进行对社区自治项目的管理与运营,而社会组织的一个优势就是具有拥有专业技能与方法。其四,传统自治工作主要依靠居委会来推动,居民参与的程度相对较弱,被动性很明显;而社区自治项目虽然也离不开居委会的协调与指导,但居民参与的广度和深度都有所提高,主动性也得以增强。其五,传统自治工作虽然也有一定的考核目标,但此目标一般写得比较模糊和笼统;而社区自治项目在一开始就明确了项目建设的目标,目标一般是量化的具体描述,比如开展活动几场,参与人次多少等,在结项评估时会一一考核。从上述两者比较中,可以看出,社区自治项目化运作作为政府基层治理的一种创新实践,反映出政府采用了"行政激活自治"[①]的运作机制。政府输入专项资源,通过设定社区共同议题的利益关联来激发自治的动力;政府打造自治团队,通过社区骨干的培育和社区志愿者的挖掘来提升自治能力;政府设置运行规则,通过社会组织介入社区自治项目的过程管理与督导来促成自治行动。社区自治项目化运作,反映了社区治理中政府与社会的关系发生了一定的变化。

表 2 - 2　传统自治工作与社区自治项目的差别

	传统自治工作	社区自治项目
目标和时限	没有明确目标和时限	有明确目标和时限
资源投入	没有明确的、专门的资源投入	有明确的、专门的资源投入
工作方法	依赖居委会的工作经验, 行政化方法	依据项目管理制度, 专业化方法
工作团队	居委会为主,居民参与为辅; 没有外生型社会组织参与	居民参与为主,居委会为辅; 引入外部的社会组织
交付成果	比较模糊和笼统	量化且明确

---

① 卢丛丛.嵌入型政权:治理精细化背景下农村基层政权的实践及逻辑[J].天津行政学院学报,2022,24(05):20 - 28.

　　社区自治项目作为政府购买服务项目的一种类型,具有政府购买服务的一般特征,比如项目化运作、社会组织参与等。但社区自治项目与通常所指的以专项资金转移支付为主要特征的政府购买服务项目略有不同,主要表现在以下几个方面(见表2-3):其一,资金来源有所不同。社区自治项目的资金来源既可以是财政资金,也可以是社会资本,有些社区自治项目就是由公益基金会来发包的;而政府购买服务项目则就是政府发包,用的是财政资金。其二,项目承接主体有所不同。社区自治项目的承接主体以社区内的草根社会组织为主,居民是该类型社会组织的主体成员;而政府购买服务项目的承接主体必须是有资质的经正式注册的社区外生的社会组织。其三,项目内容重心不同。社区自治项目的内容重点是激发居民参与,让居民自己组织起来,全程参与项目的运作,虽然多数自治项目也或多或少为居民提供了服务;而政府购买服务项目的直接目的就是为居民提供社区服务,满足居民的需求。其四,项目实现功能不同。社区自治项目聚焦于促进居民参与社区治理,尤其是推进社区自治功能的实现,而政府购买服务项目的功能侧重于转移政府职能,促进政府公共服务供应方式的转变。可见,社区自治工作的项目化运作,不仅是城市公共财政资源分配方式的变化,也是基层社会治理转型的重要体现。

表2-3　一般的政府购买服务项目与社区自治项目的差别

	一般的政府购买服务项目	社区自治项目
资金来源	财政资金	财政资金或社会资本
项目承接主体	有资质的经正式注册的社区外生的社会组织	以社区内的草根社会组织为主
项目内容重心	为居民提供社区服务	激发居民参与
项目实现功能	促进政府职能转移	促进社区自治

2.2　社区自治项目产生的背景

　　如果说以上海市陆家嘴街道2011年开始实施"自治金"项目作为社区自治

项目的发端,那么社区自治项目产生至今已有 13 年。应该说,社区自治项目产生并不是某个基层实践工作者突发奇想的结果,而是在特定社会背景下逐渐发展而来的。

2.2.1　破解自治内生动力不足的困境

自 2000 年我国全面推进社区建设以来,政府一直重视推进社区自治的发展,但总的来说效果并不理想,主要是因为社区自治缺乏足够的内生动力,表现为居委会的行政化和居民参与的碎片化。

其一,居委会行政化挤压社区自治发展空间。居委会行政化本质上是居委会定位与运作的错位。社区居委会本来是群众自治的基层组织,是基层民主的体现,是居民参与政治的一个途径,但是在内外部诸多因素影响下,居委会囿于行政化的困境,逐渐失去自身主动性,被形容为政府的“腿”、行政机关对社区进行管理的“传声筒”或“媒介”,难以发挥自治和服务群众的功能[1]。居委会被行政化,表现为组织设置功能行政化,自治章程、工作制度及人事决定行政化,经费收支行政化,运行方式、考核机制行政化[2]。居委会被行政化不仅是国家通过理念渗透、组织渗透、程序渗透和服务渗透向基层延伸,导致“行政吸纳社会”的客观结果[3],也是居委会“科层为体、自治为用”主动行政化的产物[4]。虽然在各地实践中,或是通过“议行分设”调整组织结构,或者对居委会进行减负,开展居委会的去行政化改革。然而,居委会去行政化的改革反而在实践中不断导向了居委会“再行政化”以及行政性再生产的现象,出现了所谓的“居委会去行政化之殇”的困局[5]。被行政化了的居委会,忙于行政事务没有时间、精力,甚至没有太多意识要去做好自治工作,因此,依托居委会这一群众自治组织来推进社区自治的道路越走越窄,自治空间受到挤压,自治效果表现不佳。

---

[1]　郑杭生,黄家亮.论我国社区治理的双重困境与创新之维——基于北京市社区管理体制改革实践的分析[J].东岳论丛,2012(01):23-29.

[2]　向德平.社区组织行政化:表现、原因及对策分析[J].学海,2006(03):24-30.

[3]　侯利文.行政吸纳社会:国家渗透与居委会行政化[J].深圳大学学报(人文社会科学版),2019(02):112-121.

[4]　侯利文,文军.科层为体、自治为用:居委会主动行政化的内生逻辑——以苏南地区宜街为例[J].社会学研究,2022,37(01):136-155,229.

[5]　侯利文.去行政化的悖论:被困的居委会及其解困的路径[J].社会主义研究,2018(02):110-116.

其二,居民参与碎片化阻碍社区自治力量凝聚。居民是社区场域的生活主体,是自治得以实现的核心力量。虽然随着时代的发展,居民的参与诉求比以前有所提升,但总的来说居民参与意识和能力还不强,在参与主体、参与内容、参与形态上表现出碎片化的特征。从参与主体来看,当前居民参与表现为"参与结构不合理、总体参与率低"。已有研究发现经济收入高者、文化程度高者、中青年人、男性等社会强势群体的社区参与率普遍低于经济收入低者、文化程度低者、老年人和妇女,社区居民的整体参与率较低[①]。在参与内容方面,当前居民参与表现为"参与内容有限"[②][③],居民往往仅接触到社区事务的运作,而非社区事务的决策和管理。在参与形态上,当前居民参与表现为"被动参与多,主动参与少""利益参与多,公益参与少",居民往往呈现为居委会工作的被动配合者形象,除非自身利益受损要维权,一般对社区公共事务兴趣索然,不会主动出来参与社区的自治活动。正是当前"少数"居民"被动"地参与社区"部分"内容的"碎片化"状态,使得社区自治缺乏主心骨和主动力,离实现社区公共事务自治的理想状态还有很大差距。

居委会的行政化和居民参与的碎片化,导致社会自治内生动力严重不足。而社区自治项目化运作,即居民依自身需求,列出需求清单,通过向街道申报项目,交由社会组织承接的居民自治方式,对传统社区自治工作在以下两个方面实现了创新:一方面,激活社区草根组织来作为社区自治的新的组织载体,缓解了居委会承担自治的压力,实现了社区自治组织化主体的多元化;另一方面,通过资源投入的方式引导居民关注社区公共事务、解决社区问题,让社区自治工作有了具体的抓手,居民参与的动力也被激发出来。一言以蔽之,社区自治项目化革除了以往居委会作为权力中心、社区资金配额和居民参与支持不足的弊病。社区自治项目经费为社区治理提供持续性、项目化的资金支持,能够为营造共同体生活、维持社区自我运转提供坚实的基础,有效的资源输入和合理的

① 章永兰,颜燕.现阶段城市居民社区参与表层化的原因及矫治对策[J].江西农业大学学报(社会科学版),2006(02):105 - 107.
② 马海燕.城市居民社区参与问题探析[J].长江大学学报(社科版),2014,37(04):73 - 75,87.
③ 陈晓东,谭洪平.城市社区建设中居民参与存在的问题及对策研究[J].南京工程学院学报(社会科学版),2018,18(04):28 - 33.

运作结构合力构成了社区自治的根本①。

2.2.2　政府购买服务发展创设机遇

政府购买服务作为公共管理领域的创新,其实质是把市场的管理手段、方法和技术运用到公共服务的供给之中,在公共服务领域打破政府垄断地位引入竞争机制,通过财政资金购买的方式提升公共服务供给的标准、数量和范围②。

上海市是我国政府购买公共服务起步较早、发展较好的城市。1996 年,上海市浦东新区社会发展局开始向民办非企业单位"罗山会馆"购买服务,开创了我国政府购买社会组织服务的先例。2011 年 4 月,上海市委办公厅、市政府办公厅印发《关于进一步加强本市社会组织建设的指导意见》,明确提出要加大政府职能转变力度,建立购买服务机制,提出"对协助政府参与社会管理和公共服务的社会组织,要通过项目招标、合同管理、评估兑现等形式,建立政府购买服务机制。政府部门要将购买服务的资金列入部门年度预算,并逐步扩大购买服务的比例"。十余年来,上海市民政局通过连续发布政策、编制《承接政府购买服务社会组织推荐目录》、开发社会组织服务供需对接平台等方式,推动政府购买社会组织服务有序开展。2021 年上海市财政局又出台了《上海市政府购买服务管理办法》,进一步完善了政府购买服务的主体、内容、预算管理、购买活动、合同及履行等。

上海市政府有关部门和区县政府购买公共服务的领域主要集中在社区民生服务、行业性服务、社会公益服务、社会管理四大领域,其中社区民生服务是资金规模和项目数量最多的一个领域。最初,政府购买的社区服务都聚焦在传统的民生服务上,比如社区就业服务、社区社会保障服务、社区公共卫生和计划生育服务、社区救助、社区安全、社区文化、社区环境保护等。

随着上海基层社会治理创新的不断推进,尤其是 2014 年出台《关于进一步创新社会治理加强基层建设的意见》(俗称"1+6 改革")之后,基层政府越来越重视社区治理体系的完善,进一步强调推进社区自治。在此背景下,开始出现基层政府向社区社会组织购买自治培育服务。所谓自治培育服务,就是社会组

---

① 李锦峰.公共性的规划与构建:社区自治金的实践意义及其发挥[J].城乡规划,2018(03):61-69.
② 王春婷.政府购买公共服务研究综述[J].社会主义研究,2012(02):141-146.

织所提供的服务就是挖掘社区志愿者,激发居民参与社区公共事务,进而实现居民一定程度的自组织,以此来培育居民参与自治的意识和能力,营造良好的社区自治的氛围。政府购买自治培育服务对我国基层社会治理创新具有重要意义:一方面,将项目制的实践场景从纯粹的民生服务拓展到了自治培育上来,丰富了政府购买服务的内容与领域;另一方面,"使项目制从单纯的政府运作机制和职能转移机制开始转变为居民自治机制"[①],有助于实现政府治理同社会调节、居民自治良性互动,促进社区治理体系的完善。

2.2.3 社会组织参与治理提供条件

随着城市社会的变化,我国城市基层的管理体制经历了从单位制到街居制再到社区制的变迁。自民政部在2000年开始全面推进社区建设,全国各大城市就开始探索不同的社区治理模式。与传统治理体制相比,社区制在主体上从一元走向多元,在主导力量上从政府走向民间,在管理格局上从行政单中心走向官民协作,在权力运行上从自上而下走向自上而下与自下而上相结合[②]。概言之,社区制治理范式的本质特征即多元共治,强调多元主体共同参与社区治理,共同协商社区治理中各项公共事务的解决方案。

国家出台一系列政策促进多元主体共同治理基层社会的格局得以形成。最明显的变化就是2013年党的十八届三中全会提出了"推进国家治理体系和治理能力现代化",并首次提出"创新社会治理体制"。从"社会管理"到"社会治理",虽然一字之差,但意涵却很不一样。"治理"区别于"管理"的最大不同就是以多元主体共同治理来取代原来的政府单一主体管理。党的十九届四中全会明确要求"构建基层社会治理新格局",再次强调要完善群众参与基层社会治理的制度化渠道,健全党组织领导的自治、法治、德治相结合的城乡基层治理体系,发挥群团组织、社会组织作用,发挥行业协会商会自律功能,实现政府治理和社会调节、居民自治良性互动等重要内容。二十大报告进一步强调健全共建共治共享的社会治理制度,提升社会治理效能,建设人人有责、人人尽责、人人

---

① 付建军.共识生产的技术化:居民自治项目的制度逻辑与实践审视——基于上海市L街道的案例研究[J].天津行政学院学报,2021,23(05):67-75.

② 闵兢,徐永祥."社区制"治理范式何以可能:基于社会理性的视角[J].学习与实践,2018(11):93-100.

享有的社会治理共同体。社区是社会治理的基础平台,参与社区治理的多元主体包括社区党组织、社区居委会、业主委会员、辖区单位、社会组织、社区居民等。本书此处想强调的是社会组织参与社区治理的重要性及其对社区自治项目发展的作用。2020 年,民政部印发《培育发展社区社会组织专项行动方案(2021—2023 年)》,通过实施一批项目计划和开展系列主题活动,进一步提升质量、优化结构、健全制度,推动社区社会组织在建设社会治理共同体中更好发挥作用。截至 2022 年底,全国各地社区社会组织超过 175 万个。

上海十分注重将社会组织融入到社区治理中去。2014 年底出台的"1+6"改革文件,专门的一个配套文件就是组织引导社会力量参与社区治理,促进社会组织参与,重点扶持与社区治理和群众日常生活密切相关,能够提供专业化、社会化、差异化服务的城乡社区服务类和公益慈善类社会组织。2022 年初出台的《上海社会组织发展"十四五"规划》进一步提出,须积极推动社会组织参与社会治理,在推进社会治理共同体建设的同时鼓励社会组织参与基层自治共治,搭建共商、共议、共决的民主协商平台,推动社区社会组织深入社区,在治理热点难点上能有新作为。此外,2020 年 12 月,上海市民政局印发了《关于推进本市社会组织参与社区治理的指导意见》,要求充分发挥社会组织在共建共治共享的社会治理格局中的独特作用,着力提升社会组织参与社区治理的系统性、专业性和针对性,助力提升社区治理规范化、精细化水平。2021 年 9 月,上海市民政局还专门印发了《上海市高质量发展社区社会组织专项行动实施方案》,强调要培育一批有活力、有公信力、有品牌影响力的优秀社区社会组织,初步建立与本市城乡社区发展相适应,党建引领、结构合理、功能完善、作用明显的社区社会组织体系。该方案根据规模和活动范围,把社区社会组织分为注册社会组织、群众活动团队和社区活动小组三个层级。截至 2021 年底上海经民政部门登记的社会组织数共有 17 287 家,其中社会团体 4 301 家、社会服务机构(民办非企业单位)12 413 家、基金会 573 家。其中"家门口"的社区社会组织数量已近 5000 家,占社会组织总数 30.95%[①]。

社会组织融入社区治理是"社区制"治理体系的应有之义。有学者认为,

---

① 上海:多措并举培育"家门口"的社区社会组织[EB/OL].(2021 - 12 - 28)[2022 - 10 - 15].https://www.shanghai.gov.cn/nw4411/20211228/b99fabd1d5734f1bad2e889d260388c8.html.

"项目制政府购买社会组织参与社区治理已成为当前社区合作治理的一个主流模式"①。换言之,社会组织参与社区治理的典型方式是社会组织通过承接政府购买服务的方式进入社区为居民提供各种类型的社区服务②。但其功能又不仅仅局限于提供社区公共服务,而且对完善社区治理结构、促进社区居民自治也具有重要作用③。具体来说,社会组织参与社区治理为社区自治项目的产生与运作提供了如下条件:其一,社会组织参与社区治理营造了构建社区治理共同体的氛围,尤其是来自社区外部的正式社会组织在社区里开展公共服务时,强调挖掘社区志愿服务的资源,对激发促进居民参与有推进作用;其二,通过培育社区内部的草根社会组织(包括群众活动团队和社区活动小组),提升居民参与的组织化程度,促进居民的有序参与,有利于实现社区层面的自组织化;其三,社会组织参与到社区治理中来,其所具有的专业理念与专业技能,为社区自治项目运作提供技术支持,比如社会组织所倡导的民主协商的理念与方法,为社区自治项目的顺利运作提供了技术指导。

2.3　社区自治项目运作的发展历程

改革开放以来,随着我国城市基层社会管理体制的变化,尤其是 1989 年通过《中华人民共和国城市居民委员会组织法》之后,社区自治工作一直在开展。但社区自治项目的发展却是近十年的事,并经历了早期的雏形初现、中期的创新探索、近期的规范发展三个阶段,体现社区自治工作项目化运作从无到有、从零星到普遍、从粗糙到精细的发展过程。以下对上海自治项目发展历程的介绍,主要是在二手资料收集的基础上展现上海整体的发展概况,同时,考虑到本研究所聚焦的 V 街道,就着重梳理 V 街道社区"自治金"项目④的发展状况。

①　尹广文.项目制运作:社会组织参与城市基层社区治理的路径选择[J].云南行政学院学报,2017(03):127-133.
②　刘帅顺,张汝立.嵌入式治理:社会组织参与社区治理的一个解释框架[J].理论月刊,2020(05):122-131.
③　高红、杨秀勇.社会组织融入社区治理:理论、实践与路径[J].新视野,2018(01):77-83.
④　需要说明的是,在 V 街道,其自治项目被称为"自治金"项目。在上海各区,自治项目的项目名称略有不同。为了统一起见,行文中多数情况下称"自治项目",在特定的语境下才使用"自治金项目",两者意思相同。

2.3.1　早期的雏形初显

20 世纪 80 年代初,随着经济体制改革的不断推进,我国城市社会生活与管理体制也发生了巨大的变化,由此带来的城市基层社会管理的困难突出地表现在两个方面:其一,居民基本需求"井喷"与社会公共服务不足之间的矛盾。单位制消解后,社会成员的身份发生了变化,从"单位人"变成"社会人",人们对日常生活的各种需求已经不能由单位制来承载,而政府当时又没有足够的力量来提供社区服务。其二,基层社会问题的复杂性与政府管理方式的单一化之间的矛盾。随着城市化进程而涌入城市的外来人口,呈现出异质性强、流动性高的特征,加上社区形态各异、居住结构分层,社会公共事务的复杂性使得基层政府社会管理的压力陡然增加;与此同时,政府原来所习惯的行政全能主义管理模式日益失灵。因此,政府无力也不应该成为管理社会的唯一主体,亟须改变政府包揽社会管理职能的局面,吸纳社区自治组织、社会组织、居民等更多的主体参与到基层治理中来,改变传统的以单一的行政手段为主的管理模式,探寻新的基层社会治理模式[1]。

在此背景下,推进社区自治成为基层社会治理模式创新的一个重要内容。民政部在 2000 年颁布的《关于在全国推进城市社区建设的意见》,标志着社区治理体制开始从"街居制"向"社区制"转变。上海是我国最早推动社区自治的城市之一,在社区治理方面的探索创新也一直走在全国前列。1986 年,上海市就出台了《上海市城市居民委员会工作条例》,强调要加强城市居民委员会的建设,充分发挥基层群众自治组织的作用,适应城市改革和经济发展的需要。上海一方面通过对居委会自身的组织结构调整和加强队伍建设,比如设立社区工作站、推进居委会海选、加强居委会工作人员培训等,来提升其领导居民自治的能力;另一方面,通过创新社区自治机制,比如召开社区居民议事会、公众听证会、评议会等方式来引导居民参与社区事务的决策和管理,还通过吸纳居民参与社区志愿服务的方式,来促进居民自治,加强社区凝聚力。

除了以上促进社区自治的常规方式之外,上海还在本世纪初提出"一居一品"(也称"一居一特")的工作理念,要求每个社区结合本社区的地理环境与人

① 　向德平,申可君.社区自治与基层社会治理模式的重构[J].甘肃社会科学,2013(02):127 - 130.

口特征,以及相关资源情况,分析本社区的特点或居民突出的需求,挖掘自身的优势,找准工作努力的方向,在居民自治工作上打造品牌,形成特色,改变原来社区工作常年按部就班、"千篇一律"的被动局面。本人2008年在长宁区仙霞街道社会组织发展服务中心挂职锻炼的时候就了解到,当时仙霞街道所辖的各居委会,积极探索社区建设的经验和方法,像"八仙过海"一样"各显神通",的确形成了一批有特色的社区自治品牌。

　　总的来说,改革开放以来至2010年左右,这个阶段的社区自治工作已经开展得有声有色,但这些"一居一品",往往都是以居委会为工作主体,挖掘出本社区的特色资源,吸纳居民参与,或是开展丰富的社区文化活动,或是为居民提供贴心的服务,形成该社区的自治工作品牌。而且,这些活动都是嵌入社区居委会的日常工作中,并没有单独形成项目运作的意识,也没有独立的资源投入。即使这样,我们也仍然可以说,"一居一品"品牌活动已具备一定的社区自治项目的雏形。

2.3.2　中期的创新探索

　　从现有文献来看,学界普遍认为,社区自治项目化运作最早产生于M区。而M区的社区自治项目的产生又与2009年原K区并入M区的大背景有关。考虑到两个区原来在居委会工作经费的配置上有所差别,为了达到M区内所有居委会工作经费的相对平衡,2010年9月,M区的民政局和财政局共同发布了《关于开展居委会"以奖代补"工作的实施意见》,拨出"以奖代补"专项资金扶持居委会建设,提升居委会自治能力。就是在保持和完善原有各项扶持居委会政策的基础上,通过对居委会建设相关工作绩效的综合评估,以奖励形式进行增量扶持。奖励部分又分为基础奖和特色奖。基础奖部分主要按居委会管理规模大小进行适度区分,基本上是直接发放给居委会。特色奖部分主要用于对居委会自治工作有特色、居民满意或解决民生、化解矛盾等单项工作有显著成效的奖励,并且在发放形式上,特色奖"采取项目报批方式确定奖励经费"①。

　　M区的街镇里,社区自治项目启动得最早,工作开展得也较为突出的是陆

---

① 付建军.共识生产的技术化:居民自治项目的制度逻辑与实践审视——基于上海市L街道的案例研究[J].天津行政学院学报,2021,23(05):67-75.

家嘴街道。自 2011 年 5 月起,陆家嘴街道将核拨给居委会工作经费的新增部分设立为"居民自治金",街道根据每个居委会开展居民自治工作的情况,包括自治团队建设、自治项目开展等,进行资金的投入,费用从 3 万元到 5 万元不等。紧接着,2012 年,三林镇也开始组织居村委会申报自治项目,称为"自治家园三色项目",根据项目的成长情况不同,将项目分成绿色、橙色、红色三个级别。2013 年,V 街道颁布《关于规范 V 街道自治金专项工作的实施办法(试行)》,开始探索"自治金"项目。同年,M 区的其他街镇也陆续开始实践社区自治项目,到 2016 年时,自治金项目基本在 M 区全面铺开。上海市的其他区,也以各种方式开始了社区自治工作项目化运作的探索。比如静安区曹家渡街道的"睦邻微公益"项目,徐汇区凌云街道的"自治家园"建设项目等。

上海社区自治工作项目化运作的进一步发展,是在 2015 年开始的"创新社会治理,加强基层建设"改革,也即俗称的"1+6"改革之后。在这次深化街道体制改革中,一方面,在街道层面,优化街道的机构设置,各职能科室从原来"向上对口"管理转为"向下对口"服务[1],其中,设立了"社区自治办公室",专门负责在党建引领下,开展对居委会等社区内各类组织的指导、服务工作,指导基层自治。另一方面,在居民区层面,完善居委会自治,充分发挥居委会主导作用;同时鼓励并支持居民区引入专业社会组织,加大居民自治专业化支撑;推动居民参与的制度化、规范化,创新自治内容和方式,发挥社区骨干积极作用。

自此之后,各区也纷纷出台相关政策来促进社区的自治与共治,在各种政策的利好之下,上海各区的社区自治项目遍地开花。比如 2016 年,普陀区发布了《关于开展"同心家园"建设的实施意见》,强调党群同心、上下同心、条块同心、内外同心,以提升群众满意度和获得感为目标,以形成自治共治机制、促进共建共享为重点,以补短板、强基层为关键,以解决居民"急难愁盼"问题、提升文明程度为着力点,着力优化社区综合环境,提升社区治理水平,努力为百姓营造生活便利、环境优美、人际和谐的"同心家园"。当年,通过"自下而上"的方式产生自治议题和工作项目,就上报"同心家园"建设居民区项目 346 个,涵盖民生服务类、文明创建类、平安建设类、基础建设类,通过项目运行的方式开展共治自治。2017 年,徐汇区发布《关于在本区各街道、镇开展"社区发展三年行动

---

[1] 徐敏.基层大改革,"加减乘除"如何做[N].解放日报,2015-01-06.

计划"的指导意见》,其中强调要深化群众自治。深入开展居委会规范化建设,全面推进居民区联席会议制度,畅通自下而上收集居民需求、产生自治议题、形成自治项目的渠道。组织引导居民群众制定自治章程、居民公约,针对物业管理、环境卫生、社区安全、综合改造等居民群众普遍关心、反映强烈的公共事务,按照自治章程、居民公约等自治规则体系要求,结合听证会、协调会、评议会"三会"制度,开展社区协商。完善居民区工作评价体系,扩大居民群众对社区治理工作满意度的评价比重,实现街道、镇自上而下评价与居民自下而上评议相结合。探索建立"有困难找居委"的新途径、新方法,解决服务群众最后一公里问题。以徐汇区的凌云街道为例,坚持自治共治齐参与,有效激发街区内生活力。为了培养居民共享街区的意识观念、复苏街区内生活力,街道充分挖掘南北春华堂和梅陇花乡的本土文化,持续推进"百家姓""家文化""一平米花园"项目,保留"弹棉花"小店,推动广大居民从共鸣到参与、从参与到习惯、从习惯到主动,逐渐在社区形成导向和放大效应。此外,在 M 区也持续产生新的自治项目。比如,2016 年,联洋街道社区大型社区公益自治活动——"微公益、微自治"(简称"两微"活动)应运而生,现在也逐渐成为联洋街道社区党委旗下的一个"家门口"品牌项目。

　　虽然不同区的社区自治项目在具体的操作方法或路径上有所区别,但基本上有以下一些共性特征:①自治项目不同于以往社区自治工作中零散的活动①,这是其作为"项目"的特征决定的。自治项目是基于居民需求产生的,居民参与进来,并利用一定的资源,在一定的周期内完成项目的实施,既解决了社区公共问题,又促进了居民的自治。②由政府为社区自治行动提供资金支持,居民可以通过向社区申请"自治金"来筹资开展各类社区自治项目。③自治项目的具体内容多种多样,包括但不限于社区文化、社区服务、环境保护、健康教育等领域,旨在满足居民在社区生活中的现实需求。④自治项目鼓励居民积极参与社区自治行动,可以通过组建自治小组、发起自治活动或提出自治建议等方式参与项目的策划、实施和监督。⑤建立一定的管理流程,从申请项目到项目立项、实施,再到最后评估和监督,来确保项目的顺利进行。⑥举办自治项目成果展示活动,让居民了解和分享各个社区自治项目的成果和经验,促进自治

---

① 李晓彬.双轨互动:城市社区居民自治项目化推行与发展路径研究[D].上海:中共上海市委党校,2018.

经验的交流与推广。

2.3.3　近期的规范发展

如果说 2011—2016 年上海社区自治项目发展是从无到有,那么 2017 年至今,社区自治项目的发展则是从有到优,从粗糙到精细,自治项目的管理与运作也更加规范了。2017 年 4 月,上海市人大通过了《上海市居民委员会工作条例》,明确规定,"居民委员会应当建立健全自治议题和自治项目形成机制,广泛征集自治议题和自治项目,充分反映居民或者居民小组、群众活动团队的意见和建议"。第一次明确地将"自治项目"写入地方性法规,可见社区自治项目化运作方式已经得到政府和居民的高度认可。

在这个阶段,上海各街道开展社区自治项目相较上一个阶段有了一些新的变化,主要表现为以下方面。

其一,从项目管理上看,加强了制度化建设。比如 2017 年,V 街道出台《V街道居民自治金工作管理办法》,进一步规范自治项目的运作和资金使用,如:资金的使用必须要走正规的报销流程;自治项目运作要按进程来开展,若项目有所变更,需要及时地向社会组织服务中心汇报等。即使是启动相对较晚的,长宁区仙霞街道也在 2018 年出台了《仙霞街道居民区自治项目化实施意见》,旨在通过一个个自治项目的运作实施,不断完善社区自治体系,创新社区自治方式,培育社区自治典型,提升社区自治水平。

其二,从项目运作上看,不断进行优化创新。首先,在项目申报环节,对项目实施主体有了进一步要求。在刚开始几年,项目申报的主体往往是居委会的主任或自治社工,只是在项目执行过程中,吸纳居民参与。到了这个阶段,项目管理方明确要求项目申报主体必须是居民,由居民牵头负责这个项目的运行,居委会可以给予一定的指导和相应的帮忙。其次,同样在项目申报与立项环节,V 街道首创"自治金星级管理制度",即根据居民参与度,现实问题关切度,创新性等指标将申报项目分为一星至三星三个等级,对应不同资金标准和管理要求,突出分层分类扶持的理念。这样更有利于有针对性地进行扶持与指导,也有利于打造出高质量的品牌自治项目。再次,在项目设计方面,自治项目类型多样化的同时,项目活动内容也更加丰富。虽然不同街镇在自治项目类型上的分类有所不同,比如 V 街道是分成环境治理类、生活服务类、社区治理类和文化服务类四大类(不同年份时的分类名称还少许有变化)。仙霞街道则分成社区治理类、公益慈善类、文体活动类、和谐建设类,但总的发展趋势就是不像前几年以社区文化和志愿服务类为主,现在越来越多的社区治理类,包括自治团队培育等的项目出现了。项目活动内容也更加多样化,如环境治理类在改造和美化社区环境基础上,还融入党建元素,积极发挥党员的带头模范作用,一定程度上扩展了自治项目的内容,也将党员精神和力量传递给普通居民;生活服务类除重视老年群体,给他们爱心救助、结对帮困、生活照料、精神慰藉之外,年轻妈妈也受到关注,服务层次上从基本的物质需要上升到更高的精神需求;文化服务类除聚焦兴趣爱好外,亲子关系类活动的占比越来越高;社区治理类,除了开展诸如社区空间营造、青少年吸附项目打造等的自治项目,也增加了流浪宠管控类,不少社区都申报了流浪猫项目。又次,在项目的实施环节,特别注重自治项目是否立足于解决社区的真问题,是否有更多的居民志愿者主动参与进行,是否形成了一支有力量的自治团队,甚至也开始注重这个项目在实施中能否吸纳到除"自治金"之外的资源,使得项目能够具有可持续性。最后,在项目的评审环节,也越来越规范,既有立项评审、中期评审,还有结题评审,可谓是全过程的监督与指导。

2.4　社区自治项目运作的差异化实践

随着基层社会治理创新的不断推广与深化,越来越多的街镇采取项目化运作的方式来推进社区自治工作。但各地在社区自治项目的具体运作上还是有所差别,按照不同的标准可以进行不同的分类。张振洋根据项目端口不同将社区自治项目分成党建口项目和自治口项目;根据资金来源不同,分成政府独资项目、政社合资项目和社会资助项目;根据申请程序的理性化程度不同,分成正规化项目和非正规化项目;根据项目运作方不同,分成居民个人开展的项目、自治团队开展的项目和社会组织开展的项目[①]。不仅不同街镇的自治项目运作

---

①　张振洋.城市基层公共服务供给中的项目制研究——以上海自治项目为例[D].上海:上海交通大学,2017.

方式有所不同,甚至在同一个街镇,社区自治项目的具体实践也略有不同。

　　社区自治项目的运作涉及多个环节和多个主体。学界最早对项目制运作机制进行系统概括的是折晓叶和陈婴婴,他们以政府间财政转移支付的项目为例,展示了"上级政府发包、基层政府打包、村庄抓包"的项目制分级运作机制①。虽然后来有很多学者对项目制的运作及其相关主体的策略行动展开了丰富的研究,但对项目运作逻辑的理解,基本上都没有跳出"发包""打包""抓包"的框架。社区自治项目不同于政府间财政转移支付的项目制,主要是发生在政府与社会之间的,也有少部分是社会与社会之间的,所涉及的主体发生了变化,但项目制"发包""打包""抓包"的基本逻辑仍然在一定程度上适用于社区自治项目。上海各街镇在推进社区自治项目时,"发包""打包""抓包"的主体有所不同,使用项目运作的实践也纷呈各异。因此,以下就分别聚焦于上海社区自治项目在"发包""打包""抓包"三个环节上的差异化实践来对社区自治项目进行类型比较(见图 2 - 1)。

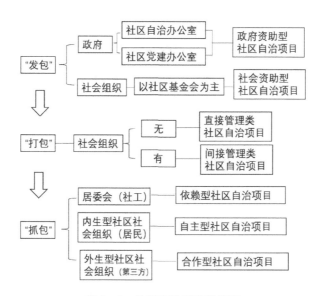

图 2 - 1　社区自治项目的类型

① 折晓叶,陈婴婴.项目制的分级运作机制和治理逻辑——对"项目进村"案例的社会学分析[J].中国社会科学,2011(04):126 - 148,223.

2.4.1　政府资助型项目和社会资助型项目

就"发包"环节而言,根据资金来源的不同,社区自治项目的"发包方",可以是政府,也可以是社会组织。因此社区自治项目首先可以被分成两大类,政府资助型社区自治项目和社会资助型社区自治项目。

目前上海的社会自治项目,绝大多数的资金来自政府的财政支持,即项目是政府发包的。在 V 街道,来自政府部门的资金,具体根据资金下来的条线不同,还可以细分为自治条线项目和党建条线项目。常规的自治项目的资金来自社区自治办公室,但最近几年,随着社区党建办公室越来越强调党建引领社区治理,党建应该在引领居民自治方面发挥更大作用,因此社区党建办公室也有一定的资金,以项目化的方式下拨到相关居委会,支持居民在党建引领下开展自治活动。这些项目与一般的自治项目稍有不同,要求必须将自治与党建结合起来,党建的元素在项目中要有明显的体现,所以目前来看项目内容的多样性和灵活性相对而言要弱一点。

而社会资助型自治项目的发包方多为公益基金会,尤其是社区基金会。社区基金会是"以解决社区问题、促进社区发展为目的,由社区居民、基层政府、驻区单位、社会组织等主体共同参与,向特定主体募集公共财产和提供项目资助,具有完整法人治理结构的非营利性法人"①。上海自 2010 年产生第一家社区基金会以来,截至 2023 年已有 89 家社区基金会。这得益于上海对大力发展社区基金会的支持。2014 年底颁布的"1+6"文件,开启了在街镇层面设立社区基金会的广泛探索;为规范社区基金会的发展,半年后即 2015 年 6 月民政局发布了《上海社区基金会建设指引(试行)》;2010 年,上海发布《关于推进本市社会组织参与社会治理的指导意见》,强调在街镇层面做实做强"两会一中心"平台建设(即社区社会组织联合会、社会组织服务中心和社区基金会)。社区基金会之所以成为社会资助型社区自治项目的常见发包方,这与其定位是密不可分的。现阶段的社区基金会已经在动员社会资源、构建社区自治与社区共治、拓展社区参与平台方面发挥着重要作用,是城市治理创新的重要组织形式。V 街道在 2013 年 9 月在全国较早成立了社区公募基金会——上海 V 社区公益基

---

① 徐家良.社区基金会与城市社区治理创新[J].社会政策研究,2019(04):103-112.

金会。该基金会每年开展 V 街道社区慈善联合捐(也称"一日捐"),所得款项将根据捐款人的意愿及社区论坛居民讨论的社区重点需求和实施方案,面向全国公开招投标,邀请专业的社会组织来 V 街道开展项目和服务,并邀请捐款人及社区居民、居委会参与评审,最终选出合适的社会组织进行资助。"一日捐"项目,既可以由外来社会组织为社区居民提供服务,也可以用以培育社区内生的草根社会组织进行团队建设、能力提升,以及开展自治活动等。有时,如果某个社区居民捐的钱相对比较多,就单独设立专项基金,用于该社区的居民自治项目。2017 年,通过培育自治团队,建立了首个"JD 居委—星星少年"居委会专项基金,关注社区青少年成长。后又培育"SG 居委—流浪动物关爱"居委会专项基金,运用 TNR、动物疗愈等科学方式从根源上缓解社区流浪动物扰民等问题。

2.4.2　直接管理类项目和间接管理类项目

就"打包"环节而言,根据是否委托给社会组织来进行自治项目的统一管理,可以分为直接管理类社区自治项目和间接管理类社区自治项目。直接管理类社区自治项目是指项目的发包方直接对所辖范围的社区自治项目的申报、实施、评估等进行管理。如果是政府资助型的自治项目,往往是社区自治办公室直接管理本街镇的社区自治项目运作;如果是社会资助型的自治项目,通常由社区基金会自己直接管理项目。比如 V 街道社区公益基金会的一日捐项目的招投标及其管理工作,都是自己操办的。而间接管理类社区自治项目是指项目的发包方将项目的全流程管理委托给第三方社会组织来进行。多数政府资助型的自治项目,都是以政府购买服务的方式委托给第三方社会组织来管理。比如,在 V 街道,所有的自治项目一直委托给 V 街道社会组织服务中心来运营管理。在仙霞街道,社区自治项目化运作最初是委托给映绿公益事业发展中心来做,后来又转给上海青创社会服务中心。

需要说明的是,笔者在这个部分将自治项目委托给第三方社会组织来运营视为"打包"环节来描述,虽然与折晓叶、陈婴婴一文中对"打包"原始定义(即按照某种发展规划和意图,把各种项目融合或捆绑成一种综合工程,使之不仅可以利用财政项目政策来动员使用方的资源,而且可以加入地方意图,借项目之势，实现目标更加宏大的地方发展战略和规划)有一定差距，此处主要想强调的是通过委托第三方社会组织以更加专业的方式来开展社区自治项目的运营与管理，实际上可以超越简单地就自治项目做自治项目，而是把社区自治项目放到完善社区治理、营造公益生态的大系统中去统筹谋划，而且其在运营管理中使用的方法也更偏向于社会化而非行政化。

2.4.3　依赖型项目、自主型项目和合作型项目

就"抓包"环节而言，根据承接项目主体的不同，将社区自治项目分为依赖型、自主型和合作型。从逻辑上讲，社区自治项目的承接主体应该是社区居民，但由于不同社区中社会基础发展参差不齐，居民需求和社区问题也是复杂多样，因此自治项目在落地的过程中实际的承接主体就有了微妙的差别。在丰富的社区自治项目实践中，可能来"抓"社区自治项目"包"的，包括居委会社工、社区草根组织(包括群众活动团队和社区活动小组，即内生型社区社会组织)、社区外生型社会组织。

一般来说，在那些居民参与意识淡漠、社区自治基础薄弱的小区里，居民很少能站出来承接自治项目，而街镇又面向各居民区要求推行社区自治项目，居委会无奈就作为主体申报自治项目。在 V 街道刚开始推行自治项目的前几年里，绝大多数社区都是由居委会社工作为负责人来申报自治项目。虽然在整个项目推进的过程中也有居民的参与，但项目申报书的撰写、项目内容的设计、项目活动的开展等都是由居委会社工来主动推进，居民的参与是比较被动的，自治项目在很大程度上依赖于居委会社工的工作能力与精力投入。因此，笔者将以居委会社工为主来"抓包"的社区自治项目称为依赖型项目。

在那些居民参与意识较强、社区自治基础较好的小区，有些热心公益的居民会主动站出来承接自治项目。这些居民往往是社区草根组织中的骨干成员，也是社区的核心志愿者。他们一般会积极与居委会保持良好的沟通，一方面在居委会社工的指导下策划项目并负责项目落地实施，另一方面也充分利用居委会所能提供的资源，包括提供活动场地、给予在动员居民与经费报销等方面的技术支持、协调居民与社区自治办的沟通等。虽然社区草根组织在自治项目开展的过程中得到了居委会的帮助，但不可否认，居民在其中体现出了较强的自

主性,表现为既有参与意识,主动关心社区公共问题,开展社区需求调研,又有相当程度的能力来设计项目,并动员更多居民参与,推进项目活动的具体实施。因此,本书将这种以社区草根组织为主来"抓包"的社区自治项目称为合作型项目。在 V 街道,社区自治办为了鼓励居民申报自治项目,对于以居民作为项目负责人的项目,是优先考虑和支持的。

在社会自治项目的实践创新中,有些街镇的做法比较不一样,他们鼓励外生型社区社会组织来申报社区自治项目,进行培育和孵化,以增强居民区自治意识、培养居民区自治能力、拓展居民区自治路径。比如仙霞街道,在其 2018 年发布的《居民区自治工作项目化运作指导意见(试行)》中就明确指出,"若项目为社会组织等第三方承接,项目单位在立项后要搞好具体对接,细化项目推进各阶段各环节的工作和标准,明确各方权利、义务和责任,签订项目合同。"当然,外生型社区社会组织作为第三方参与到社区自治项目中,虽然具有专业化的优势,但其毕竟不能详细且深入了解社区的本地化信息,因此要成功申报到项目,必须与居委会合作,开展前期的需求调研,设计能够满足居民需求、获得居委会认可的项目内容。而且在项目立项之后的实施过程中,也离不开与居委会的密切合作,没有居委会的支持和配合,社会组织也很难顺利完成项目。因此,本书将这种以外来型社区社会组织为主来"抓包"的社区自治项目称为合作型项目。而在 V 街道,情况有所不同,虽然在个别的社区自治项目中也会有外来型社区社会组织参与进来,但其对社会组织的定位限于"技术支持"角色。就是说在自治项目中如果有一些技术性较强的事务,居委会、居民不能自己解决的,可以请第三方组织来合作,提供培育、陪伴服务,而不能直接"包办"。

第 3 章
社区自治项目的实施过程与运作逻辑

以自治项目为载体,推进社区居民自我管理、自我服务,是 V 街道自治办公室的重要工作,也是 V 街道实现社区治理现代化的重要路径。2014 年至 2023 年期间,V 街道办事处累计投入资金 705 万余元,累计实施项目 646 个。项目内容涵盖环境管理、综合治理、文化服务、群体服务、群团建设等各个领域。目前已形成一批居民参与度高、社会反响好、具有推广价值的、能够凸显 V 街道自治特色的品牌项目。这在上海也是具有一定的代表性和典型意义,因此,本书在接下来的几章里就以 V 街道的自治项目为例,展现社区自治项目的实施过程、运作机制,进行分析自治项目化运作的治理绩效,并探究社区自治项目运作所遭遇的"技术治理"困难,最终提出优化社区自治项目运作的实践路径。

3.1 社区自治项目的运作流程

社区自治项目作为项目制的一种,具有项目的基本特征即周期性。这种周期性体现在两个方面,一是项目工作环节的周期性,二是项目运营时间的周期性,而且两者有机地交融在一起。V 街道出台了《V 街道居民自治金工作管理办法》,明确了项目管理的全流程。整个自治项目的运作,包含需求征集、立项申报、预审优化、答辩评审、立项审批、立项实施、监测评估、考核总结八个环节。而且项目一般在一年内完成,年初立项,年底结项。

为了更清晰明了地介绍社区自治项目的运作流程,本小节将自治项目的八个具体环节按照项目运作的基本逻辑,合并成立项、执行和结项三个环节(具体见图 3-1)。其中,立项环节涵盖需求征集、立项申报、预审优化、答辩评审、立项审批五方面的工作;执行环节主要是项目的实施以及管理方对项目实施的中期监测;结项环节则包括对项目进行的终期评估考核以及项目运行工作总结。

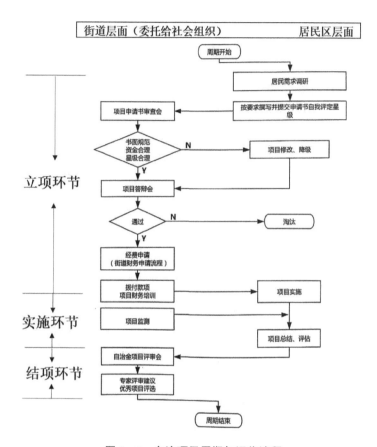

图 3 - 1　自治项目周期与运作流程

资料来源:笔者在调查所得资料上改造而成。

3.1.1　立项环节:申请与评审

首先,在立项环节,要由发起人在社区层面进行需求调研。社区自治项目要聚焦居民的客观需求,解决现实的社区公共问题,准确有效的需求调研是自治项目开展的基础,而最终对居民需求的满足正是自治项目的目标所在。街道自治办要求居委会要依托于居民代表大会、楼组长和志愿者会议、业主大会等平台,采取参与式讨论的方法进行自治项目意见征询,引导各利益相关方代表开展协商讨论、民主决策、确定议题。而且,明确规定参加对象要求主体多元、年龄结构合理,普通群众(非两委班子成员、非楼组长、非业委会及物业代表)不得少于参会人员的1/3。在这个环节,即使项目发起人是居民,需求调研的工作也必须得到居委会的支持才能顺利开展。完成需求调研之后,要填写《V街道自治项目意见征集表》,写明项目名称、需求分析、项目内容、与会人员、立项结论等内容,要求简要记录讨论结果。而且如果是通过座谈会形式征求意见的,还要附上会议签到表;如果是通过问卷形式征求意见的,要附上问卷统计结果。而这些材料届时都需附在项目申报表后面一起交上去。

其次,项目发起人填写和提交《V街道自治项目申报表》。考虑到居委会工作人员、居民不擅长填写项目申报书,因此,V街道社会组织服务中心事先对相关人员进行培训,并在申报书上以备注的形式,告知表格每个部分的具体填写要求。比如,在"项目名称"一栏中,其备注的内容是"字数不宜超过10个字,以简要凸显项目目的为优,不适宜使用口号或直接描述服务内容";在"项目目标"一栏中,要求"写出项目总体目标,简要表达做完项目后可以解决或改善社区哪些问题"。另外,在V街道自治项目申报的过程中,有一个突出的特点是"分类、分级"。

所谓"分类"申报,就是V街道社会组织服务中心将项目分成包含社区管理、社会服务、自治共治、其他四大类,在此基础上又细分成八小类,涵盖综合治理、环境管理、生活服务、文化服务、群体服务、群团建设、平台建设、创新类(详见表3-1)。

表3-1　V街道自治项目分类指南

序号	项目类别		目标内容	举例
	一级目录	二级目录		
一	社区管理	综合治理	聚焦社区公共事务,推进社区平安建设,维护社区和谐稳定	"消防安全你、我、他"项目;"宠物之家"项目;"车管自治"项目
		环境管理	改善社区公共环境,营造绿色、环保、整洁的居住环境	"无堆物无高空抛物楼道五星奖评比"项目;"美化小家、温暖大家"项目

（续表）

序号	项目类别		目标内容	举例
	一级目录	二级目录		
二	社会服务	生活服务	关注社区居民的普遍生活需求，提供特色便民利民服务	"小当家"公益项目；"快乐手工坊"项目
		文化服务	通过形式多样、内容丰富的文化教育、交流展示等活动，丰富居民文化生活	"倾情营造文化家园"项目；"睦邻节"项目
		群体服务	关注社区特定群体的需求，提供针对性服务，倡导邻里互助，营造熟人社区	"牵手耄耋服务队"项目；"编织幸福花，共建邻里情"项目
三	自治共治	群团建设	发掘社区领袖，培育能够独立运作的社区群团组织，做好团队制度建设	"夕阳俱乐部"项目；"书画工作室"项目；"妈妈帮"项目
		平台建设	搭建自治共治平台，完善多方协同机制，运用信息化手段建立线上线下沟通平台	"Q群议事园"项目；"百姓议事'听'"项目；"微博走进你我他"项目
四	其他	创新类	不能定义为以上三类的其他创新类项目	由 4 个社区联合申报的一个讲叙本土故事的项目

资料来源：《V 街道自治金工作指南》。

所谓"分级"申报，是 V 街道社会组织服务中心在社区自治项目管理中的一个创新，将项目主要按照居民的参与程度和外部社会力量的引入程度，将项目分成一星、二星和三星级（详见表 3-2）。这么做，一方面是为了精准地激励居民更多地参与到社区自治项目运作中来，发挥出更大的主动性。在项目中居民参与的数量越多，参与的主动性越高（尤其鼓励由居民或居民小组作为项目的发起人），项目的星级越高。另一方面是为了激励居民能在自治项目开展的过程中引入其他社会力量，在更大范围盘活资源，既能增强项目的可持续性，又能更好地实现自治与共治的有机融合。越是能够吸引到外部社会力量参与到自治项目运作中来的，项目设计越是有创新性的，项目的星级越高。不同星级的项目,资助的经费额度也有所不同。一星级项目不超过 1 万元;二星级项目不超过 3 万元,而三星级项目最高可以申请到 6 万元。针对自筹资金的项目,街道自治办将根据项目具体情况给予一定奖励。

表 3-2　V 街道自治项目星级评价标准

项目星级	评级标准	项目金额	具体说明
★项目	*回应社区一定数量人群的基本需求 *有一定数量居民参加活动	0~10000 元	*项目产出可以是社区活动的有机结合,但不能是单个活动 *每个居委会最多申请 2 个一星项目
★★项目	*回应社区特定人群的需求,以解决社区居民关心的热点或难点问题为优 *项目运行过程中以居民力量为主,并且有足够数量的居民参加活动 *积极引入外部资源,如社区企业、社会组织等共同开展项目	0~30000 元	*项目建议由居民或居民小组发起,鼓励居民担任项目负责人 *项目负责人必须参与项目评审及评估答辩 *评审参考上一年度自治项目评估情况
★★★项目	*根据居民需求开展具有探索性、研究性的实验项目 *聚焦具有代表性或特殊性的社区议题,如业主委员会建设、居民公共精神卫生等	0~60000 元	*项目由居民发起推进并广泛参与,社会组织等专业力量全程督导 *项目在预审及答辩评审的基础上须提交社区委员会讨论通过

备注:每个居委会申请项目总数不超过 3 个,其中包含的一星项目总数不超过 2 个,项目总金额原则上不超过 7 万元(含三星项目的除外)。

资料来源:《V 街道自治金工作指南》。

再次,V 街道社会组织服务中心在收到项目小组提交上来的《项目申报表》进行预审优化。一般来说,项目小组拟定的项目申报表要报给本小区的两委班子审核通过再交到街道。街道由自治办牵头、社会组织服务中心配合,对所有项目材料进行预审初筛,并对项目优化提供具体意见。项目小组根据相关建议对项目方案进行修改。在预审环节,工作人员主要根据申报书填写的规范性和项目运作的可行性两大方面来提出优化意见。具体来说,包括设计项目活动时,充分考虑项目的可行性以及风险性,做到合情合理;计算项目预算时,要结合活动计划,且符合经费使用范围和要求,做到具体科学。因此,常见的书面预审环节的修改意见有"重新设计项目名称,项目名称要与内容相符""广泛征询居民意见后,完善项目可行性依据""项目风险及应对策略未填写""预算测算依据细化"等。在这个环节,如果街道自治办和 V 街道社会组织服务中心研判下来觉得这个项目申报的星级与实际星级不符,也会反馈给居委会让他们降级申报。

然后,V 街道社会组织服务中心组织现场答辩评审,所有项目小组参加答辩。街道组织由职能部门、专家、居委会代表、社会组织代表、居民代表等共同参与的评审小组,对项目方案、资金计划、项目星级等进行评审。项目发起人以 PPT 的形式汇报 5 分钟,然后是 8 分钟的提问与答辩。社会组织服务中心要求项目发起人尽量亲自来参加汇报,除非有特殊原因,居委会社工不能代替居民发起人来汇报。答辩环节,评审小组主要从"项目规范化程度:档案规范及财务规范""需求精准化程度:需求回应及成效设计""项目品牌化程度:自治团队及宣传总结"三个维度进行点评,为项目优化设计提供建议。参加答辩评审的项目须根据评审意见,对项目再次进行优化。通过预审的上一年度优秀项目直接进入立项审批环节,即无须现场答辩。

最后,进行立项审批。通过评审的项目报街道领导小组审批,并在街道、居民区公告栏进行公示,没有异常的,在公示 5 个工作日之后就算正式立项了。接下来就是拨付经费。按照街道财务申请流程,申请并下拨项目经费,一般要一个月左右的时间。

3.1.2　执行环节:实施与监测

社区自治项目获得立项之后就进入了执行阶段。在执行阶段,社区自治项目化运作涉及两方面的工作，一方面是各项目小组在所在居民区开展项目落地活动，另一方面是V街道社会组织服务中心对自治项目的中期测评。

首先，自治项目在各小区的落地实施方面，由于不同项目内容设计互不相同，社区的基础条件也参差不齐，因此各社区在项目实施过程中也是"八仙过海、各显神通"。但事实上，这些五花八门的项目在实施过程中，也基本遵循了以下三个小的环节：启动、开展、总结。

第一，召开项目启动会，明确自治团队的骨干成员和项目活动方案。虽然自治项目的申报表经过了预审和立项评审的几番修改，项目计划已经初具形态，但要把项目计划真正落地执行出来，原来项目计划书上写得毕竟还不够具体，很多细节还没有来得及谋划。因此，召开项目启动会是一个必不可少的环节。一般来说，由项目发起人与居委会协调沟通之后，召集包含居委会相关社工、业委会成员、物业公司、居民积极分子等人员，一起参加项目启动会。项目启动会主要解决两个问题，其一是明确自治团队的骨干成员，他们将是后续活动开展的主要策划者和推动者，彼此之间有所分工，相互合作支撑。自治办要求项目团队应以社区居民为主，真正体现居民自我决策、自我管理、自我监督。所以各社区在组织自治团队时，往往从现有社区的志愿者团队中挖掘，把热心于社区公益的居民作为核心成员纳入进来。比如，JY社区的"影视艺术沙龙"项目，就是因为小区里有一个拍摄水平很高的杨先生，希望他能够带动一批志愿者通过拍摄营造友好温暖的社区文化。项目立项之后，杨先生在小区里组建一支摄影爱好者队伍，成立了"影视茶苑"，定期开展活动，以拍摄的照片和视频会友，欢迎居民来聊天、沟通，慢慢聚焦到一些社区公共事务的讨论上来，营造了良好的社区协商氛围。拍摄队给居民拍人像艺术照、合家欢和证件照，并赠送照片，每年采访一个志愿者，还做成年度相册，展示社区新风尚。其二是细化项目活动方案，具体到盘整项目活动可以调用的资源，确定活动的时间和空间、需要购买的物资，怎么吸引居民参与等内容。有了骨干成员和活动方案，项目的实施就有了坚实的基础。由各居委会对自治项目进行统筹管理，在项目实施过程中提供必要的指导和支持。

第二，整合各种资源，发动居民参与，开展项目活动。自治项目的一、二星级项目经费并不多，光靠项目经费，活动开展起来难免捉襟见肘，整合社区内外的各种资源成为项目成功开展的一个惯例。比如,流浪猫项目,给流浪猫绝育,一只就要 1 000 元左右,项目小组就联络社区周边的宠物店。比如,停车难项目,要排摸现有的停车位和车辆状态,必须与物业公司保持良好的沟通合作。又比如要开展青少年活动,如果都请外部的专业老师给孩子讲课,费用必然很高,经费不能支撑,故而挖掘社区内部有爱心、有时间的老师资源就十分重要。项目的活动开展需要一定的公共空间,这就需要与居委会联系,安排场地并确保安全。比如,HY 社区的"陶艺沙龙"项目,就是挖掘出社区艺术达人潘老师,他是奉贤区紫砂雕塑艺术非物质文化遗产继承人,社区请他来为居民普及泥料材质和拉坯操作知识。有了资源之后,活动的开展还离不开居民的参与,而且,这也是自治项目最重要的特征。这就需要在社区里进行宣传,广而告之,让更多的居民知道本社区即将开展自治项目,用公益的项目理念和丰富的活动内容来吸引居民。当前各社区的宣传活动一般都是线上线下相结合,在线上主要是利用社区的各种微信群、居委会的公众号进行信息发布,这个对于中青年人比较适用;在线下,主要是张贴材料,印发宣传册,甚至还包括口口相传的人际传播,这个在老年人群中使用较多。被吸引过来参加自治项目的,可以分为两类人,其一是作为志愿者的,其二是作为活动对象的。关于居民参与的具体情况,将在后面章节(详见 3.2.4 部分)专门介绍,此处不赘述。

第三,在日常社区生活中持续践行项目理念,沉积项目成果,总结项目经验。一个社区自治项目往往会安排若干个相互联系的活动,并形成一个有机的整体。但活动的场数毕竟是有限的,热闹的活动结束之后,如果项目的成果不能沉积下来,那么项目的意义就会减弱,也不可能达到真正的促进自治的效果。比如,YR 小区的"漂亮楼道"项目和 JX 小区的"美颜楼道秀"项目,都是楼道整治项目,整治之后若不能维持,重新堆物,"旧疾复发";比如 LJ 社区的"倡导绿色环保 推行垃圾分类"项目、JY 社区的"垃圾分类你我他"项目,都是为了促进垃圾分类,但如果搞了几次认识垃圾知识或提升垃圾分类意识的活动之后,不能在日常生活中坚持垃圾分类,那项目效果就大打折扣;比如 HY 社区的"口袋花园提升"项目、DW 社区的"中新百花园"项目,都是社区微更新项目,但微更新之后,新种植的花花草草,如果没有人进行后期的持续保养与维护,景观又会渐渐失去光彩。因此,社区自治项目的活动告一段落之后,还需要在日常生活中继续践行公益理念,安排志愿者来从事相关工作以沉积项目成果。比如楼道建设中后续依靠楼组长或志愿者,对重又堆物的邻居进行劝解;比如在垃圾分类中,尤其是执行垃圾分类政策那一年,安排志愿者在倒垃圾的时间里轮流值班,提醒没有干湿分离的居民落实好垃圾分类;又如在社区微更新后,安排护绿队轮流浇水等。在项目实施过程中,居委会要指导和监督项目小组及时向居民群众通报进展情况。待到项目接近尾声时,项目小组和居委会等相关方会召开会议,讨论项目开展得失,总结项目开展经验,还会奖励在自治项目中作出贡献的志愿者们,并撰写《V街道自治项目总结表》,交给街道准备结项。项目完成后,要将资金使用情况、实际效果等进行公开,接受群众监督。

其次,在自治项目的中期测评方面,V街道社会组织服务中心希望实现三个目标。其一是通过项目活动执行进度及预算执行进度情况了解,发现执行率低于50%的高风险项目,及时进行个别督导,提升项目完结率;其二是通过评测会议搭建项目交流平台,增进社区自治骨干之间的相互学习、借鉴经验,提升自治项目的整体水平;其三是结合自治项目调研,结合典型案例进行跟踪,记录及梳理值得推广的操作经验,并加以宣传。由于社区自治项目数量较多,而且分散在不同的居民区里,V街道社会组织服务中心对社区自治项目的中期测评不可能一个一个跑现场进行考察,因此采取了全部项目分块区集中汇报测评和部分项目现场考察测评相结合的方式。一方面,V街道社会组织服务中心将所有居委会分成六个协调块,在同一个协调块的项目发起人集中开会,每人事先准备好自治项目中期情况小结进行一一汇报,V街道社会组织服务中心的工作人员以及邀请的同行专家一起听取汇报后提出相关的问题和指导意见。这样,项目管理方对所有自治项目的进展情况都有一个基本的了解。另一方面,选取项目开展得特别好或者有特色的,以及进展得比较差的,或遇到困难实施不下去的若干项目,要专门到各个居民区进行现场考察,以了解具体的推进情况。一般每年中期现场考察测评的项目数量为6个左右,依据实际情况而定。2021年和2023年,项目负责人就作为专家和V街道社会组织服务中心工作人员一起去现场进行中期考察。对于项目开展得好的项目,工作人员和专家会帮忙一起凝练总结,指出项目进一步优化的方向;对于项目开展有困难的项目,则会帮忙一起分析问题所在,提出改进意见,如果实在有困难的,需要变更项目内容或预算,则要填写项目变更申请表,并提前两周上报公示。对于监测结果评定为高风险项目,开展个案督导,提出整改意见。

3.1.3　结项环节:评估与总结

自治项目实施完成并不意味着项目的终结,最后还有一个结项环节。在这个阶段,一方面是以现场答辩会的方式对项目进行结项评估,另一方面是基于考核结果进行评奖评优,以此来对全年的社区自治项目运作进行总结。

每年年底,V 街道社会组织服务中心都会组织自治项目结项评审答辩会。事先通知各项目小组提交纸质材料,包括加盖公章的申报表、中期小结表、末期总结表,而且还要准备满意度调研材料。各项目小组要尽量在总结表里体现出自治项目开展后的成效。每个项目汇报之后,由四位评委现场提问或点评,然后进行打分,平均后算出每个项目的得分。

社区自治项目的结项评估指标由四大部分组成,分别是项目实施情况 50分,项目成效 30 分,财务管理 20 分,加分项 15 分(详见表 3 - 3)。其中,"项目实施情况"里又细分为项目完成情况(20 分),主要看项目具体实施是否与项目申请书相符,包括服务内容、实施地、活动形式、服务人数/人次、活动实际开展次数;档案管理(10 分),关注项目档案整理的规范性、真实性、条理性;团队管理(10 分),考查项目小组成员能力与分工情况是否与项目申请书一致,以及团队招募的志愿者是否考虑服务内容实际情况,包括人数安排、志愿者的参与度等;项目宣传(10 分),要求项目的立项征询、实施情况、考核结果等都能进行广泛宣传动员,向居民公示。"项目成效"里涵盖两方面的内容:项目目标达成情况(15 分),主要判断项目申请书中的目标是否完成;项目服务对象满意度评价(15 分),对服务对象进行电话、上门访谈(问卷)来获得满意度结果。"财务管理"里面,涉及财务使用合理性(10 分),考察经费列支是否规范、合理、清晰,包括经费金额与服务内容相符,物资单价符合市场价(允许 10% 的差价)、人员补贴配置合理,还考虑财务处理进度(10 分),要求项目经费能够快速、合理进行财务处理,及时报账,保证财务进度与项目进度一致。加分项则包含了项目推介(7 分)、项目自筹资金(5 分)、群团培育(3 分)。

表 3 - 3　V 街道自治项目评估指标

一级指标	二级指标	评估内容	评估方式	评分标准
项目实施情况（50分）	项目完成情况（20分）	项目具体实施是否与项目申请书相符,包括服务内容、实施地、活动形式、服务人数/人次、活动实际开展次数	通过项目实施过程中的日常监测评估及查阅相关的活动档案材料,如活动签到表、活动记录、项目报告等	一项不足扣2分。严重偏离申请书（如无故减少、增加服务内容;实际内容明显滞后于项目计划且无事项告知的）,不得分
	档案管理（10分）	项目档案整理的规范性、真实性、条理性	通过查阅与项目相关的所有台账材料,包括但不限于活动记录、签到表、志愿者签收单、月度记录表等	一项不足扣2分。记录严重缺失,不得分
	团队管理（10分）	项目小组成员能力与分工情况是否与项目申请书一致（5分）	通过项目实施过程中的日常监测评估情况及对比查阅项目申请材料	一项不足扣2分
		团队招募的志愿者是否考虑服务内容实际情况,包括人数安排、志愿者的参与度等（5分）	通过项目实施过程中的日常监测评估情况及对比查阅项目申请材料	一项不足扣2分。存在志愿者资源浪费的不得分
	项目宣传（10分）	项目的立项征询、实施情况、考核结果等都能进行广泛宣传动员,向居民公示	通过审阅居委反馈的立项征询会议材料,居委微信微博发布的自治项目实施情况等	一项不足扣2分

（续表）

一级指标	二级指标	评估内容	评估方式	评分标准
项目成效（30分）	目标达成情况（15分）	项目目标达成情况	通过项目实施过程中的日常监测评估及结项评估	参考项目申请书中项目目标,结合工作计划和工作开展情况,不能够达成目标的不得分
	服务对象满意度评价（15分）	项目服务对象满意度	通过第三方查阅项目小组提供的相关材料及抽.取约20%服务对象进行电话、上门访谈（问卷）	满意度少于60%,不得分
财务管理（20分）	财务使用合理性（10分）	经费列支规范、合理、清晰。包括经费金额与服务内容相符,物资单价符合市场价（允许10%的差价）、人员补贴配置合理	通过查阅项目相关财务台账材料及财务收支对比表	一项不足扣5分
	财务处理进度（10分）	项目经费能够快速、合理进行财务处理,及时报账,保证财务进度与项目进度一致	通过查阅项目相关财务台账材料及财务收支对比表	财务处理流程慢,导致财务进度严重滞后,影响项目进度,不得分

（续表）

一级指标	二级指标	评估内容	评估方式	评分标准
加分项（15分）	项目推介（7分）	项目活动动态能够在区级及以上层面进行宣传推广,并获表彰奖励,或组织创造新型工作模式和经验,被街道或市区级部门所采纳的	通过查阅及验证项目小组提供的相关动态截图及链接、相关荣誉证明	街道层面肯定及采纳加2分;区级层面肯定及采纳5分;市级层面肯定及采纳加7分
	项目自筹资金（5分）	在项目实施过程中,项目小组另外自筹社会资金用于项目的实施开展	查阅财务证明	加5分
	群团培育（3分）	项目培育了新的群众团队并在街道登记备案	查阅备案情况	加3分
合计		基础分100分＋加分项15分＝115分		
		评估结果（权重分:日常监测分数40％＋中期评估30％＋末期评估30％）		

资料来源:《V街道自治金工作指南》。

结合 V 街道社会组织服务中心开展的项目结项评估情况,社区自治办牵头对所有自治项目进行考核表彰,考核结果作为年度居民区工作考核的重要依据。4 位评委根据评分要求打分后,平均分 60 分及以上为合格,85 分及以上为优秀,平均得分前 16 名将入围"年度十佳自治项目""凝聚人心奖""最佳团队奖"等奖项评选。社区自治办对获奖的项目分别给予一定的资金奖励,可用于次年的自治项目、学习交流或团队建设。通过评奖评优,V 街道社区自治办推出了若干个典型案例,梳理出值得推广的操作经验,后续在 V 街道社会组织服务中心的公众号上进行宣传,形成了一批富有本地特色的品牌化的自治项目。

3.2　社区自治项目相关主体的行动逻辑

上一节按照项目运作的周期对自治项目的运作流程作了一个客观的描述，本节将从社区自治项目化运作的相关主体出发，对自治项目的主要工作机制，尤其是不同主体的行动逻辑进行分析阐释。正如本书在"1.3.3 分析框架"部分所述，社区自治项目化运作是依托于社区自治项目，多元主体通过协商、参与的方式共同解决公共问题的一个合作治理过程。政府作为购买自治服务的发包方，向社区投入一定的资源（主要是资金），以自治项目为抓手，推动社区基层自治创新。当然，基层政府往往不会直接来负责整个街镇的社区自治项目的管理工作，而是把这项工作打包委托给第三方社会组织来做，这个社会组织往往是社区外的、经过正式注册的有资质的专业型社会组织。该社会组织就承担着项目的指导、监督与评估等一系列管理工作。居委会作为群众性自治组织，在社区自治项目运作中，有时会直接扮演自治项目的承接方，更多时候是在自治项目开展过程中起到动员居民参与以及引导居民协商的作用。居民作为自治项目的预期的政策目标人群，也作为社区自治的重要主体，以不同的方式、渠道参与到社区自治项目的全过程。这些主体之间形成了相互的合作关系，并围绕社区自治项目结成了一个有机的关系网络。社区自治办公室与第三方社会组织之间通过政府购买服务建立了委托代理关系。而社会组织与居委会之间是支持与被支持的关系，居委会为本社区的项目小组"背书"进行项目申报，而社会组织为居委会开展自治项目提供技术指导并进行考核。居委会和项目小组、居民之间相对而言是一个社区内部的共同体，居委会负责引导居民参与协商，构建社区自治项目议题，并组建项目小组来申报并推进项目的实施，而项目小组和居民作为自治项目的主体，要以实际行动来开展各种自治活动，使项目真正落地。社区自治项目运作中的不同主体、主要工作以及相互之间的关系见图 3 - 2。

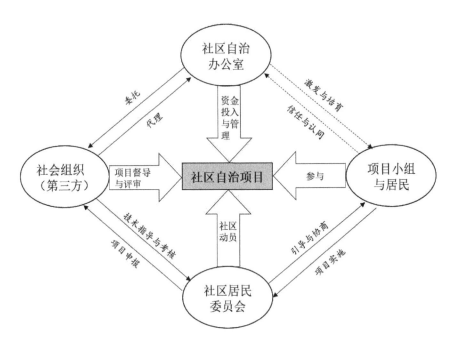

图 3-2　社区自治项目的主要工作及相关主体关系

3.2.1　社区自治办:资金投入与管理

　　街道层面的社区自治办公室是社区自治项目运作的牵头部门。正如本研究报告在 2.1.3 部分中分析社区自治项目化运作与传统自治工作的区别时提到的,自治项目的一个突出特征就是有明确的、特定的资金投入。这种资金投入方式不同于对传统社区行政工作的"输血式投入"[①],它是以一定的财政资金投入即"自治金"作为"引子",一方面是用来引出居民参与社区公共事务,激发居民自治的动力,另一方面是用来撬动社会资本也来投入社区自治中,这主要表现在自治项目中特别鼓励项目小组去想办法自筹资金。当前城市社区自治项目的资金主要来源于政府财政支持、社区居民定向自筹的专项资金以及辖区企事业单位资助,专门用于居民自治项目的经费补贴和推进居民自治的相关工作。

---

① 李锦峰.公共性的规划与构建:社区自治金的实践意义及其发挥[J].城乡规划,2018(03):61-69.

1）政府财政支持："自治金"与奖励

政府财政支持是社区自治项目化运作的物质条件，在项目资金来源中占有重要地位。在《V 街道居民自治金工作管理办法》中明确所谓"自治金"经费是指由区级财政保障的，用于居委会根据社区自治需求和居民需求开展的各类居民自治项目专项工作经费。V 街道平均每年投入 70 万元左右作为"自治金"。自治项目资金实行专账核算、专款专用。

具体来说，"自治金"使用和管理机制较为复杂和严格，主要包括申报项目预算、资金审核批款、项目资金使用、活动发票报销四个大环节。首先，社区自治项目发起人在提交的项目申报表中写明项目预算。按照自治项目的分级管理原则，不同星级的项目的金额是有所不同的，项目小组应该在规定的额度范围里填写预算。自治项目经费包括工作经费、项目小组人员补贴、志愿者补贴，其中人员补贴及服装道具等支出不得超过项目总预算的 50%；工作经费又细分可包含项目实施涉及的办公费用、宣传费、活动物资费、会务费、师资费。其次，在社区申请的自治项目通过评审后，街道从区财政下拨的服务群众专项经费中，每年统筹一定额度的经费作为"自治金"，用于街道立项的居民区自治项目运行保障补贴，按照不同项目预算发放资金。V 街道多数社区自治项目实际申请获批的经费从两千元到三万元不等。不少受访的项目小组反映自治项目经费到位及时，但自治项目要求也相应提高，主要体现在经费控制和项目创新上。再次，获得所批经费后，项目负责人需结合活动进程需要，按照获批项目书要求使用公务卡付款并开具发票。在预算总额不变的情况下，社区也可在向街道请示后根据实际情况适当更改资金使用计划，街道也会在资金的实际使用中起到监督作用。最后是项目支付金额的报销，所有自治项目经费使用都要严格遵守相关财务规定，严格审核报销程序，具体的报销要求按照所花费的金额可以细分为四类：在 1 000 元以内申请报告后即可使用；金额在 1 000 到 5 000 元之间需要上级专门审批，开具发票后方可报销；金额在 5 000 到 10 000 元之间需要党工委，即街道书记签字审核；金额超过 10 000 元需要进行三方比价并签订合同。

政府财政支持自治项目开展的除了常规的随项目立项下拨的"自治金"之外，还有一笔奖励经费，其实就是在自治金专项经费中每年设置了 25 000 元的

"自治奖学金",用以奖励优秀自治项目,获评十佳项目的自治项目奖励 2 000 元,获评特色奖的自治项目奖励 1 000 元。奖励经费主要可用于居委会、项目小组的学习交流、团队建设活动、志愿者培训,当然也可以用到第二年的自治项目中去。这笔经费的使用也同样要遵循严格的财务标准。

2)居民"自掏腰包":定向自筹专项资金

自筹经费也是社区自治项目的资金来源之一,被视为政府财政支持的补充。虽然从金额上看其在所有自治项目的总经费中占的比例还不是很高,但在现阶段其折射出来的积极的象征意义要大于经济意义。一个自治项目若能获得一定的自筹经费,一方面反映了居民发挥出了主观能动性,不仅仅是依赖于政府财政投入,而是挖掘、整合社区周边资源,这符合社区自治与共治的理念;另一方面也使得该自治项目具有可持续性,可以在没有"自治金"的支持后仍然能够在社区中开展自治实践。2020 年至 2023 年,V 街道自治项目共自筹经费达 49.8 万元。比如 2020 年 HH 社区的"活动俱乐部"项目,自筹经费 6 万元。该小区有一处公共区域多年闲置不用,环境破败已不适合使用,居民们多年来强烈希望能有一处开展活动的区域。2024 年社区居委会发起带动社区志愿者一同将该处公共区域清理改造维护,联动物业出钱,改造空间,并在建筑顶部进行了防水层的重铺,共计花费了 6 万元。而他们所申请的自治项目只有 3 000 元,主要用于对该区域场所进行美化布置,如美化墙面、设立照片墙、铺设亲子地垫等,来创造居民自治活动氛围。活动区域将由居民自行讨论分别命名并作为固定用途,让空间分布合理规范使用,规划出议事厅、文体室、运动室、亲子厅、休闲书画室等区域供居民活动使用,讨论议事,自我管理,自我服务。

在 V 街道,有一个比较独特的做法,就是社区基金会的"社区居民定向自筹"经费。比如,SL 社区的流浪猫项目单单依靠居民众筹,一年内就获得了 46 000余元,甚至超过了政府财政分配的"自治金"。

> "现在是邻居们众筹的钱在做……去年(募捐)是大头,所以可能大家都觉得我们做得好也是因为这个原因。我们去年自治项目申请了 20 000 块钱,绝育每年大概申请 10 000 元左右,再加上治病,实际是远远不够的……我们去年基金会收到的捐款是 46 000 多元,'自治

金'是作为补充。"(访谈记录 J601)

　　"社区居民定向自筹"经费使用和管理机制可以大致分四个步骤:首先,社区居委会制定社区自治项目,并根据项目活动内容设置社区专项基金会;其次,居委会根据活动进展需要,通过社区居民微信公益群(或其他联系渠道),通知小区居民自愿参与募捐活动,并要求业主在转账时标明所捐款项用途;然后,所募捐资金统一由社区基金会管理,不经过个人和居委会;最后,在开展自治活动及时开具发票,社区基金会凭借发票报销。项目自筹资金的使用相对自由,自己制定经费使用管理办法,但要求经费使用情况向出资方及相关居民告知,做到公开、透明。

　　除了居民自愿主动捐赠作为自筹经费,其实在实践中还会出现"自治金"不能报或太难报而被动出资的情况。对于"自治金"不能报销的支出,项目小组有时候没办法就只好团队自费,还有居民嫌报销太麻烦,直接自费不报了。比如 DW 社区和 SL 社区两个社区做流浪猫项目,猫生病了要治疗,这个"自治金"无法承担。

　　　　"上次的项目,两只流浪猫得了猫瘟,给治的话,花钱就多了。这个是我们事先没有想到的,也没有写到预算里。这种情况,一般是我们团队的核心成员平分费用。"(访谈记录 J101)
　　　　"关键还是'自治金'的使用,太麻烦。有很多家长觉得太麻烦了,就不愿意用,认为很多事情应该简单一点,所以有时候小的活动就自己做了。因为我们有自筹资金,我们本来都是家长,大家都熟悉的嘛,那我们出去就自己 AA,相当于自筹了嘛。这一块呢,全部都是透明的,包括方案、使用、报名清单,我们都是在群里说的。"(访谈记录 J201)

3)辖区企事业单位资助
　　周边企事业单位的资助对自治项目来说也算是自筹资金。辖区企事业单位资助的经费在城市社区自治项目化经费来源中所占比重较小,主要是物品捐赠。尤其是那些在业务上与社区自治项目有些交集的企业或社会组织,他们愿意和项目小组合作,一方面是承担一定的社会责任,另一方面也相当于是打广告,拓展居民区的市场。以 HX 社区的"蔬香菜园"自治点为例,该自治点于2018 年 3 月建成,与"湿垃圾堆肥桶"一起为响应上海市第一批垃圾分类试点工作而建立。社区提供公益资源,小区志愿者自我管理,企事业单位的资助则主要体现在第三方"以肥换菜"上。堆肥志愿者通过与花农、菜农签订长期互换协议,由第三方捐赠堆肥桶,将社区居民的厨余垃圾发酵变废为肥,用于社区的公共绿化带、免费赠送给社区居民,多余的肥料交给第三方换成种子和蔬菜。居委会会将第三方赠送的蔬菜和瓜果苗转交给维护"蔬菜香园"的志愿者,志愿者负责种植果苗、除杂草和收集新鲜蔬菜,再将种植或换回的蔬菜赠给社区的独居、高龄老人。又比如,LJ 社区的"普及爱心,善待流浪猫"项目,与上海蓝丝带宠物志愿服务中心合作,获得了他们的 3 万元的资金支持,用于 TNR(流浪猫捕捉—绝育—放归)。

与以往居委会单方面向街道和政府"要钱"相比,社区自治项目化运作的经费使用给了居委会和居民更多的主动权[①]。但在自治项目的实际运作中,项目小组也普遍反映经费使用和管理中存在的"烦恼",就是"用钱太麻烦",换言之就是政府财政审批和报销的流程过于繁杂。这体现了项目管理的技术主义特征,我们将在第五章详细展开论述。

尽管居民对"自治金"的使用管理有很多"吐槽",但他们也表示,"当然我觉得规范是必须的,因为你不规范了,你就没法成为一个整体了。"其实,社区自治项目经费的投入是有限的,要想使"自治金"的使用与管理机制成为社区项目运行的"动力"而非"阻力",就必须要充分激发社区居民自治的积极性。在单一的政府供给无法满足项目运行需求时,自筹经费就变得至关重要,由于自筹资金是社区居民自愿捐赠,这意味着社区居民对该自治项目本身以及居委会对自筹资金的使用必须是认可和支持的。反过来讲,如果能够采取措施畅通居民表达意愿渠道、发挥居民自治的能力,城市社区自治项目就能够更好地反映居民的需求,让社区居民对于自治项目感兴趣,在保证项目正常运行的同时激发社区居民自治的积极性,提升居民社区自治能力,从而为提升社区温度、促成社区共

---

① 侯秋宇.社区自治中的居民参与研究[D].上海:华东理工大学,2018.

治奠定基础。就如 SG 社区居委会主任 X 所说：

> "自治经费实际就是用于小区居民自己真正想做的事情，是由这个社区的伙伴来做，这才叫自治……为什么他们对这个项目特别在意，就是因为这个项目自筹部分是很多的……自治项目要做的，最开始的时候是我给你钱，是希望把你这个团队打造出来，然后形成一个稳定的队伍，这个团队可以在没有资金的情况下，仍然能够服务小区，仍然能够组织一些活动，甚至是自筹经费……甚至你这个团队会成为支持居委会的一种力量。"（访谈记录 J505）

3.2.2　社会组织：项目督导与评审

V 街道社会组织服务中心承接了自治项目的管理工作，包括项目的申报、评审、推进、评估、总结表彰、培训等具体内容。概括而言，社会组织对社区自治项目的管理主要是通过督导和评审机制来实现的，涉及立项评审、中期监测、结项评估三大环节。虽然这三个环节在项目周期的不同时间里进行，开展工作的方式也有所不同，但三者之间有着内在的精神一致性，而且形成一个闭环，表现为它们聚焦于社区自治项目运作的基本原则。V 街道自治项目运作的根本宗旨就是促进多元主体参与，共建自治家园。希望通过自治项目运作来实现三个小目标：①培养"需求导向"的项目思维模式；②探索"协商共治"的居委工作模式；③推广"居民互助"的社区发展模式。因此，自治项目必须具备公益性、参与性、可行性，其中公益性是自治项目作为一种政府购买服务项目的基本属性，参与性是自治项目区别于其他社区服务项目的独特属性，而可行性是自治项目落地的根本保障。以下就来分析 V 街道社会组织服务中心在自治项目的督导和评审过程中，是如何坚持践行这三条原则的。

1）公益性原则

V 街道自治项目的公益性，主要表现为自治项目要解决某个社区问题，满足某种社区需求。在申请立项环节，要求申请人在递交《项目申请书》时，一并附上《立项需求征集表》。这就要求申请人在本社区进行需求分析，发现社区的公共问题,分析居民未被满足的需求,建构项目开展的意义,进而在需求分析的基础上,拟定项目的主要内容。而且,《立项需求征集表》中有一栏是"征询方式",从项目听证会、需求调查问卷、需求访谈三种中选择一种。如果是选择听证会的方式,还需附上项目听证会记录表。

对于居民的需求,可以根据人群的受益面的大小分成两类:其一是所有居民的共同需求,比如对小区环境整洁的需求、对小区公共安全的需求;其二是部分群体拥有的特定需求,比如老年人的生活照护与精神慰藉需求、儿童的社区交往与成长需求、外来媳妇或全职妈妈的社交需求等。虽然两种社区需求的受益覆盖面不同,但基于满足这两类需求的设计项目都可以申报自治项目。但是,居民的需求毕竟是带有主观性的,而且不同人群的需求不一样,在需求调研环节出现不同意见是很常见的。V街道社会组织服务中心倡导"参与式治理"的理念,希望居民区层面营造民主协商的氛围,引导居民开诚布公进行讨论与协商。为了避免自治项目在社区中成为某类小群体自娱自乐的项目,他们在程序上对需求调研过程做了明确规定,要求采取参与式讨论的方式进行意见征询,对参与人员的类型、结构都有要求,而且还要求在社区公告栏进行公示,广而告之,使即使不能直接从该项目中受益的居民也了解或监督本小区自治项目开展的情况。

对项目需求判断不同,比如需求的紧迫性和需求的公私性边界,都会直接影响居民,甚至评委对自治项目的认同程度。2017年,LJ社区第一次申报流浪猫项目,该项目申请上万元经费,用于给流浪猫做绝育。很多居民表示不理解,人的需求还没有都得到满足呢,倒关心起猫的问题了,他们就觉得流浪猫问题不是问题。其实那一次,笔者作为评委也参加了评审,我也是第一次听说这样的项目,内心也有同感,觉得本来自治项目经费就不足,给猫做绝育手术费用还很贵,这样有必要吗?可持续吗?该一位项目小组核心成员回忆道:

> 我们自治金项目申请如果直接说是给猫看病的话,评审是不会支持的。我们第一次申请的时候遇到一个很大挑战,当时一位专家就说:自治项目可能更多的是解决人的问题,尽管上海已经很发达,人们很富裕,但是人的问题还没有解决,为什么要去解决动物的问题。我

们志愿者,也就是项目负责人就说,这体现了一个城市的温度。流浪猫问题其实是人的问题,是居民的沟通问题。说流浪猫扰民、影响环境,就像一座冰山一样的,浮在水面上的那个部分,但问题的焦点是在下面,因为猫不可能不存在,问题是居民之间如何彼此和谐沟通,尽量降低流浪猫扰民的程度。那我说自治项目可能更多的就是支持流浪猫的一个科学管理,而流浪猫科学管理最核心就是 TNR。当然,这只是解决了第一个问题,还有一个更大的问题就像我说的,是居民之间的一个沟通的问题。所以我们就加强沟通宣传,宣传如何科学地对待流浪猫。(访谈记录 J601)

经过了这几年的发展,现在越来越多的小区开展流浪猫的自治项目,2023年达到了 7 个,社会组织服务中心也希望能够探索出对流浪猫进行成片治理的方法。另外一个例子是,社区开展亲子阅读项目。有些居民就觉得家长带孩子阅读,应该是自家的事,不应该占用自治项目,"自治金"应该用于"雪中送炭",而不是"锦上添花"。最初一批做亲子阅读的全职妈妈,后来自己成立了名为"阅读越精彩"的民办非企业单位来承接街道的政府购买服务,影响力也越来越大了。由于小区住宅类型不同,小区居民的人群特征不一样,所提出的自治项目的需求满足类型也不一样。一般来说,老小区的自治项目中为老服务、环境整新的较多,侧重于满足弱势群体或全体居民的基本需求;高档小区的自治项目中亲子类、文化类的较多,侧重于满足全体居民或某类人群的发展型需求。随着自治项目这么多年的推进,人们对什么样的项目是公益性的认知相对来说更加清晰和一致了,满足社区居民普遍的基本需求或特定弱势群体的基本需求的项目是公益性的,满足部分群体的发展型需求的项目也可以是公益性的。当然,在自治项目资源有限的情况下,在同一个社区里,满足基本需求的项目的立项紧迫性要高于满足发展型需求的项目。

2)参与性原则

这是社区自治项目区别于社区服务项目的根本之所在。在 V 街道,有各种渠道不同条线下来的项目会落到居民区层面来开展。除了自治项目之外,常见的有两类:其一,V 社区公益基金会每年会开展"一日捐"项目,即将面向 V

街道居民募集而来的资金,发包给社会组织来承接项目,为居民提供各种服务。其二,街道层面的职能部门,如社区服务办公室开展的"家门口"社区微公益创投项目。社会组织申报的项目获得立项之后,必须对接 V 街道的某些居委会把项目"落地"到居民区。如果说这两类项目侧重的是专业社会组织进入社区为居民提供专业性的服务,比如心理健康筛查、关爱失智老人、青少年活动支持、社区矛盾调解等,但社区居民参与情况并不是项目评审的关键要素。也就是说,虽然有些社区服务项目可能也需要吸纳居民参与,但居民参与并不是全流程的,而且居民往往是作为被服务对象参与其中,少许项目中居民以被组织起来的志愿者参与进来。然而,在自治项目中,居民参与是全流程的"必须项",居民参与在项目开展的三大阶段都有所体现,立项环节的需求表达、中期阶段的居民志愿服务、结项阶段的测评表达,而且要求居民不仅作为被服务对象参加进来,更要以主动策划、积极参与的志愿者的形象在其中扮演重要作用。所以,在自治项目的评审过程中,评审专家经常问的问题是:"你们开展这些活动有多少居民受益了?你们是如何挖掘居民志愿者的?居民在项目开展中发挥了什么样的作用?"在最近几年比较多的社区微更新项目中,不少居委会设计的项目都是聚焦硬件改造本身,而没有强调微更新过程中居民是如何参与的,都会被专家要求修改项目活动计划,否则就不予立项。比如 MS 社区的"名门河滨微景观改造"项目,其项目主要内容是"改造名门河滨 12 号门附近占地 $200 m^2$ 左右的绿地,转化为居民茶余饭后休闲活动的公共客厅"。专家的意见就是"微景观的后期维护等应加入自治培育的元素,扩大居民参与范围,考虑吸纳一批亲子家庭参与,壮大志愿者队伍,并且是要在项目书上要体现出来"。

具体而言,自治项目的参与性可以表现为两个方面:其一是扩大项目的参与人群,也即扩大受益面,这是项目参与性的基本要求。比如 2021 年 XS 社区的"巧手暖心 手工沙龙"自治项目,其项目目标是"提升巧手阿姨团队,在原有的团队活动基础上,制作更多的爱心物品,回馈社会,关注小区整体环境的提升,增进社区和谐温馨"。其活动内容,一方面是巧手阿姨每周进行各类手工活动,制作出手工制品之后,一部分赠送给社区独居老人、小区中的退休教师等,另一部分用于义卖;另一方面,巧手阿姨开设手工沙龙活动,吸引青年人参与,适当收费,而且在闲暇之余,阿姨们也为小区的整体环境美化献计献策。当时评审专家的意见就是"项目目前的受益面较窄,延续性项目需要考虑扩大参与人群,建议优化活动内容吸引家长和儿童参与"。也就是说,专家希望一个项目能够不断拓大服务居民的人群范围,不能成为少部分人的游戏。其二是培育自治团队,这是项目参与性的最核心体现,也是专家在各种评审环节反复强调的。比如 LJ 社区的"普及爱心,善待流浪猫"项目,其项目目标是"通过科学绝育达到控制流浪猫的数量,做到绝育比例达到 90% 以上,改善小区流浪猫产生的居民矛盾及投诉率;通过与家养宠物互动交流,促进社区和谐"。当时专家给出的评审意见就是,"延续性项目要考虑提升或创新,不能总是停留在科学绝育的项目内容,要更多地从缓解小区治理矛盾的方向来升级,例如多收集反对居民的意见需求,搭建沟通平台,减少邻里纠纷等;社工要注意培育骨干,形成自治团队,同时拓展资源,如救助专业机构的免费绝育服务等"。经过 V 街道社会组织服务中心及专家的多年普及教育,一些居民也逐渐理解自治项目的本质是打造自治团队。

3)项目的可行性原则

自治项目的可行性表现为两个方面,一是项目当下的可操作性,二是项目未来的可持续性。

项目的可操作性一方面是强调项目计划的具体细致,可以落实;另一方面强调项目要尽可能降低风险。很多项目申报书写得比较粗糙,拟订计划时也是寥寥数笔就两三句话,没有讲清楚项目活动开展的时间、次数、参与人数、主要步骤、所需材料等基本要素,让专家对活动的实施不能放心,也会导致项目结项时无法对标考核。所以,在立项环节,专家经常会提诸如"细化活动计划"的意见。比如 LS 社区的"暖人心便民服务团队"项目,项目基础很不错,有一支会水电维修等技术的志愿者团队,可以为残疾人、独居老人、发生水电燃气应急情况的居民提供上门维修服务。但项目计划就写了三句话,"3 月 5 日学雷锋,帮万家服务宣传。5 月 -7 月居民水电燃气安全度夏行动。10 月 -11 月居民水电燃气冬季安全行动。"专家就提出意见如下:"申请书的文字太过简单,请居委协助项目负责人,将答辩时陈述的具体做法和亮点写入项目申请书里;建议维修内容进一步与物业进行沟通,进行分类,该是物业完成的尽量还是由物业完成,厘清物业本职工作和自治服务的区分。"除了项目计划要具体细致之外,V

街道社会组织服务中心也很重视项目开展过程中的风险评估与规避。申报书中专门有一栏就是"项目风险及应对策略"。比如 TY 社区的"妈妈帮厨艺课堂"，该项目意在"开展厨艺技能培训，把厨艺交流与传统民俗相结合，把活动成果分享给邻里等，助推社区和谐"，准备开展 8～10 场主题活动，每场活动由专人认领负责，但项目小组自己对此也没有信心，在"项目风险及应对策略"一栏里写下了"活动无人认领/策划/实施，由妈妈帮成员、合作单位'枣子树'大厨及'博古斯烘焙美食学院'派出的专业老师进行指导"。对此，专家评审的意见是"项目的需求点没有在立项阶段征询到位，项目可操作性存在很大风险，包括受益面过窄、居民参与活动的积极性存在不确定性等问题"。最终该项目未获得立项。另一个不予立项的项目是 XH 居委的"携手共建美好社区文化墙"，项目本意是想对三个小区之间共用道路的墙面和路边裸露地面的改造，有利于行人安全和社区风貌提升。项目小组分析项目风险是"由于多年前开发商的问题，多年来此路段的归属问题不断引起相邻小区之间的纠纷。目前此路段的墙面归属于 ZT 小区，但是由于此路段是 LD 小区居民的必经之路，不是 ZT 小区居民的主要通道"。对此，专家的意见是"项目自治内容和目标不清晰，费用涉及的多为硬件设施改建，建议寻求管理办和物业的支持，如需动用维修基金，需要广泛征集业主意见，注意流程和使用规范"。

项目的可持续性是指项目在内容上能够持续创新升级，最理想的状况是实现没有"自治金"的支持之后，仍然能够独立运行下去。以 2020 年的自治项目为例，一共立项了 54 个项目，其中 22 个为延续项目。在 V 街道，有很多项目是持续了三年及以上的，HY 社区的"议事角"项目，就持续了 5 年。

该小区是一个老小区，社区里相互熟悉的居民较多，为了鼓励和引导居民走出家门，关注社区公共事务，从 2017 年开始，他们就致力于打造居民参与公共事务协商的平台，称为"议事角"，并以此来申请自治项目。从最初的有个地方供大家闲谈交流，到定期的协商沟通，再到组建自管会，再到自管会聚焦解决社区具体问题。该小区打造民管会、园管会、楼管会三个自管会。民管会侧重于负责与民生服务有关的自治共治工作，由积极发表意见的居民担任会长和副会长，每月议事成员召开一次会议，对当月议题进行分析，哪些简单问题可以直接解决，哪些问题复杂一些需要居委会甚至街道层面帮忙后续才能解决。一旦决策明确后,还有人专门负责落实和监督,并进行公示。园管会侧重于关注小区公共区域的管理、物业和环境问题的自治共治,由小区里的绿化爱好者为会长,物业人员为副会长。园管会每季度开展一次活动,比如开辟小区花圃、开展绿植爱心认领等活动。楼管会侧重于开展楼道自治工作,以诚信楼组试点楼组长为会长,每季度开展一次文明楼道评选工作,并且督促楼道垃圾分类、楼道内卫生和消防工作。总的来说,议事角由居委会搭台,在社区党组织的领导下,由业委会、物业公司、党小组长、楼组长、志愿者和热心居民等组成。除了三个自管会的会长之外,又选择了 4 位骨干,共 7 人构成了议事角核心成员,相当于决策层。该项目一步一步升级,到了 2021 年时,其自治项目是聚焦于园管会,打造小区微景观,将小区菜园改建成花园。V 街道社会组织服务中心在项目发展早期也会"物色"有发展潜力的自治项目,会以评审指导、中期测评指导以及平时走访指导等多种方式进行培育,希望打造出一批有影响力、生命力的品牌自治项目。

3.2.3　居委会:社区动员

在 V 街道,社区自治项目的运作离不开居民区层面两个重要组织的作用发挥。根据《V 街道居民自治金工作管理办法》,居民区党组织要发挥党组织的核心引领作用,把握"自治金"工作的整体方向,做好指导监督、组织动员、统筹协调等工作。居委会要在党组织的领导下围绕居民区公共事务,广泛宣传发动、征集民意,引导居民提出自治议题,开展协商讨论,进行民主决策,协助成立项目小组,整合各方资源,为项目实施提供必要的支持和保障。在社区治理场域中,党建引领是我国独特的意识形态下基层社会治理创新的制度机制,党组织和居委会的功能和性质虽然在逻辑上是区分清晰的,但实际上,由于居民区党组织和居委会的工作人员中有较多的交叉任职,不少社区里党组织书记和居委会主任是同一个人担任,两个组织的具体工作其实难分彼此。同样地,在 V 街道自治项目推进过程中,社区党组织和居委会的角色、功能也是交织在一起的。居民习惯性统称这两个组织为"居委"。因此,本书在写作中也不作详细区分,只在具体语境中,有需要时再区分"居民区书记"或"居委会主任"。

居委会在自治项目运作的全过程中的核心功能可以界定为"动员",从最初动员居民骨干组建项目小组进行项目申报,动员居民参加项目需求调研,到项目立项后动员更多的居民参与项目的实施,到最后项目结项时动员居民参与满意度调研等。那么,居委会采取了哪些方式进行自治项目的社区动员?有什么特征?动员效果如何?

根据笔者在社区的实地观察,居委会动员居民参与自治项目的方式主要有宣传教育、利益诱导、技术支持、关系嵌入等几类。首先,最常见的动员方式是宣传教育,即通过各种宣传手段,向居民传递社区动员信息,引导居民参与社区事务。社区居民委员会可以通过发放宣传材料、张贴宣传标语、组织宣传活动等形式,向居民宣传社区动员信息。随着网络技术的发展,不少社区也创设了本小区的公众号或社区网站,更加便捷地传递社区信息,网络动员的方式有利于更多中青年居民关注社区公共事务,而老年人还是更倾向于通过纸质材料等方式接收信息。这类动员往往是面向整个社区居民,具有较强的普及性,而针对性较弱,一般只能引导居民做出较浅层面的参与。相对而言,会议作为另一种宣传教育的动员方式,范围虽然相对较窄,但针对性更强,一般面向社区的热心居民、积极分子或志愿者等进行。通过召开各类会议,如议事会、协商会、座谈会、党员会议等,居委会可以动员此类居民较多地参与自治项目。

其次,利益诱导。利益诱导式动员是指通过提供利益激励,包括提供物质奖励、补贴,荣誉称号、表彰奖励等吸引居民参与。利益动员具有较强的吸引力和实效性[①]。自治项目运作中的利益动员,表现在以下三个方面:①在项目申报环节,以街道的"自治金"投入为利益驱动,动员居民去争取外部资源以解决社区内部需求。社区层面的资源比较有限,居委会除了常规的行政工作经费之外,其他经费一般由不同条线下来专款专用,几乎没有能够用于社区建设的灵活经费。所以,自治项目少则几千、多则上万的经费,尤其每年都可以申请,这对社区来说也是一笔值得去争取的经费,使用得当,能够解决一些社区问题。所以,居委会都会及时告知社区的骨干居民,并组织他们申报项目。②在项目实施中,以居委会所拥有的物质性资源为利益补贴,动员居民去有序开展或参加项目活动。项目开展离不开一定的场地、设备等物资。在公共空间相对紧张

---

① 纪芳.项目落地的差异化实践:运作机制及其治理绩效——基于苏中 X 村和鄂东 B 村的项目实践考察[J].农林经济管理学报,2021,20(03):384 - 392.

的社区,居委会都优先保障自治项目开展所需的场地,包括活动室、绿地、小广场等。例如,在 DW 社区"流浪猫"项目中,居委会为项目提供了场地、物资等支持;在 SG 社区"老伙伴美食汇"项目中,居委会为项目提供了场地、人员等支持。③在项目完成之后,对积极参与自治项目的居民骨干和志愿者给予一定的奖励。一般来说,每个自治项目最后都有一场总结大会,同时也是志愿者表彰大会。不仅给志愿者颁发荣誉证书,也会给志愿者准备小礼物。这些精神上和物质上的激励也驱使居民保持参加社区公共事务的动力。

再次,技术支持。在自治项目的全流程中,以居委会所拥有的人力资源为项目小组提供技术支持,降低核心成员推进自治项目的畏难情绪,最终做出参与的行为使项目得以正常运转。一方面,居委会提供相对专业的指导与建议。居委会可以为项目提供经验指导、专业建议等,帮助项目顺利实施。例如,LJ社区"流浪猫"项目负责人介绍:

> "我很早之前就关注到流浪猫问题,以前都是自费买猫粮喂。由于有其他业主投诉,说是破坏小区环境什么的。后来居委会让我申报自治项目,还跟物业反复沟通,最后协调下来在小区里专门开辟了几处喂猫的点,既不扰民,也不影响小区环境美观。我们也检讨有没有什么做得不好的。小区除了流浪动物,还有社区里边有好多事情要做,表示理解,我其实也不希望给他们造成一些麻烦,希望能够通过我们的努力,为他们锦上添花。"(访谈记录 J601)

另一方面,居委会协助项目小组进行申报、答辩以及报销。居委会可以协助项目负责人完成申报材料的准备,并在答辩过程中提供帮助。例如,JD 社区居委会主任说,"'星星少年'项目已经成为我们小区的特色自治项目,我是一点点支持他们做出来的,做了好几年。这两年自治金项目的要求是越来越高,他们希望是真正的居民参与。但是其实说到底,居委带动还是很重要的,要基本把关的。其实你说真的让他们去做,发票不合格怎么办? 签收不合格怎么办? 所以我现在跟你说,基本上我晚上十点钟还在跟他们讨论项目。刚开始的时候他们申报书也不会写,PPT 也不会做,都是我们居委帮忙做的。现在好多了。

今年我就放手让他们自己做,立项答辩让他们去,结辩的时候也还是他们去。"(访谈记录J201)比如在DW社区"流浪猫"项目中,居委会也做了协助报销等事。项目负责人说,"我们因为第一年做,啥都不懂的,我们的那些报销,基本上都是居委会帮我们去搞定这些事情,居委会还是很支持的。"(访谈记录J101)

最后,关系嵌入。关系嵌入作为一种社区动员方式,是指居委会依托于社区党支部、群团组织、议事平台等,通过编织一定的社会关系网络,形成居民个体对相关组织和群体的认同,进而引导居民参与社区公共事务。这些嵌入相关社会关系网络中的居民,往往成为社区积极分子,是居委会开展社区工作不可或缺的帮手,他们普遍具有集体主义与个人利益兼顾的奉献精神与正义感[①]。自治项目的运作也离不开社区积极分子的支持与参与。比如,2021年专门推出的党建自治项目,就是发挥党员服从组织、党组织密切联系群众的优势,先发动一批党员同志发挥带头示范作用,参与日常性的社区治理活动,成为经常性的社区自治力量,进而通过党员去影响他们的家人和其他的居民。尤其是近些年上海实施的"双报到"制度,为社区党组织动员更多的党员奠定了良好的人力资源基础。此外,当前社区人们有了更多的闲暇时光,越来越追求生活品质,发展出各种兴趣爱好,并成立兴趣团队,以提高社区生活质量。这些团队涵盖了不同年龄段和兴趣爱好的人群,有老年人喜欢的歌唱、舞蹈、打太极、垂钓等,还有年轻人喜欢的烘焙、瑜伽等,也有小孩子的阅读绘本、手工制作等活动团队。这些群团组织,有的是居民自发地组织成立后与居委会保持联系的;有的是直接在居委会的指导下成立。居委会十分重视群团组织建设,也依靠这些群团组织完成社区建设的任务。正是在指导与依赖的双重关系中,居委会和群团组织的一大批志愿者结成了良好的人际关系。群团组织的领头人往往成为社区自治项目推进的中坚力量,在其中发挥着联系居委会和居民的桥梁作用。积极分子会发挥出"媒介"的作用,动员出更多的普通居民参与进来。

总之,居委会主要通过宣传教育、利益诱导、技术支持、关系嵌入四种方式动员居民参与自治项目。从性质上看,当前的社区动员呈现从"权威式动员"向"参与式动员"转变中。在单位制消解之后,社区层面的动员不能沿袭单位制时

---

① 孙旭友.论当下中国积极分子的生成背景、时代精神与当代价值——以社区积极分子为切入点[J].安徽行政学院学报,2015,6(02):27-31.

期的运动式动员、组织化动员①。由于社区资源有限,不能仅仅依靠自上而下的政治性权威来完成工作,而不得不寻求发展积极分子网络、建构人情机制等偏离行政管理模式的做法来完成任务②。这就出现了新的动员方式,即"日常权威式动员"③"地方性权威式动员"④"组织化合作动员"⑤。在自治项目的动员中,宣传教育这种方式具有鲜明的行政色彩,运用原有行政组织网络的强大动员力量,试图改变居民的认知和态度。而关系嵌入方式具有权威式动员特征,在居委会拥有自上而下授权的权力基础上,又借用某些非正式因素,将社区居民纳入社区建设和国家政权建设过程之中。相对而言,利益诱导和技术支持这两种方式具有了一定的"参与式动员"的特征。所谓参与式社会动员是指"社会各方利益相关的组织机构如党和政府、社会组织以及公民个体等,共同参与公共事务决策、公共资源分配的协同治理过程",其具有公开性、协商性和合作性⑥。参与式动员有利于提高公共事务治理的民主化、科学化水平,有利于增强社会凝聚力和社会活力,有利于培养公民意识和社会责任感。居委会通过利益诱导和技术支持,为居民提供参与公共事务的信息与资源,创造相对较好的参与环境,聚焦社区公共问题,吸引居民参与自治项目。但是,目前居委会所提供的资源或技术支持都还局限于其本身准行政化身份立场,其所具有的开放性、协商性以及合作性都还很有限。换言之,即使有了参与式动员的一些理念和做法,但受限于居委会的准行政化色彩,用行政化的手段或资源来推进居民参与自治,本质上并没能增强社会的活力。

3.2.4　项目小组和居民:社区参与

社区动员和居民参与对实现社区治理而言非常重要,而且两者之间相互联系、相互作用。动员是指通过一定的手段和方法,激发或促使人们参与某项活动的过程。参与是指人们积极主动地投入某项活动中去,并在其中发挥作用的

---

①　孙立平,等.动员与参与第三部门募捐机制个案研究[M].杭州:浙江人民出版社,1999:62.

②　郭伟和.地方性实践知识:城市社区工作者反建制力量的隐蔽机制[J].学海,2016(02):143-152.

③　刘岩,刘威.从"公民参与"到"群众参与"——转型期城市社区参与的范式转换与实践逻辑[J].浙江社会科学,2008(01):86-92.

④　杨敏.公民参与、群众参与与社区参与[J].社会,2005(05):78-95.

⑤　任克强.组织化合作动员:社区建设的新范式[J].南京社会科学,2014(11):53-60.

⑥　施惠玲,彭继裕.国家治理现代化中的参与式社会动员[J].青海社会科学,2021(04):16-21.

过程。动员是参与的前提条件，没有动员，就难以激发人们的参与意愿。参与是动员的目的，动员的最终目标是实现人们的参与。动员和参与是相互促进的。动员可以通过提高人们的参与意识、提升人们的参与能力，来促进参与的深入和广泛。参与可以通过人们的实际行动，来证明参与的价值和意义，从而促进动员的效果。同理，在社区自治项目运作中，动员和参与相向而生。上一小节我们介绍了居委会的社区动员方式，接下来我们就来看居民参与的情况。

随着社会变迁，居民参与的路径、内容以及意识都发生了深刻变化。在单位制时期，居民参与的路径主要通过单位，参与内容主要集中在政治活动，参与意识则相对被动。这一时期，单位是居民获取资源的主要渠道，居民对单位具有高度依赖性，因此参与单位活动往往是为了获取资源或获得身份认同。在后单位制时期，居民参与的路径更加多元，参与内容更加广泛，参与意识则更加主动。这一时期，随着单位制的瓦解和市场化改革的深入，居民获取资源的渠道不再局限于单位，社区成为居民重要的生活和生产空间。居民在社区内参与活动，不仅是为了获取资源，也是为了维护自身权益和改善生活环境。也就是说，相较于改革开放之前，居民参与的意识也逐渐提高，更加注重自身的权利和利益，并通过多种方式参与社区治理。但是，相对于要实现社区治理现代化的目标而言，当前的居民参与呈现被动式、碎片化的特征，存在着一些问题，如参与意识不强，缺乏参与的积极性和主动性；参与能力不足，缺乏参与社区治理的知识和技能；参与渠道不畅，参与制度不完善，难以满足居民的参与需求；参与效果不佳，难以真正实现社区治理的民主化、法治化、科学化。社区自治项目的推出，就是为了进一步激发居民参与的热情与动力，并通过社会组织的陪伴与培育，提升居民的参与能力，同时，围绕项目推进的各环节创设为居民提供多种参与渠道，最后促进社区自治，形成多元共治的良性发展格局。居民参与是社区自治项目的重要组成部分，对社区自治项目的成功实施具有重要意义。本书中居民参与社区治理是指社区居民本着个体需要和公共精神，通过一定的方式和渠道参与到社区治理的公共事务协商、决策、管理和监督中，从而影响社区治理效能的过程，既表现为居民参与社区公共事务的制度性参与行为，也包括关注、谈论和个人或组织的维权行动等非制度性参与行动。那么，V 街道居民参与自治项目的情况如何呢？

　　有学者将社区治理情境中的居民参与群体分成三种类型,分别是居民、居民志愿者、骨干居民,他们分别扮演着接触者、行动者、经营者的三重角色①。这与笔者在 V 街道的观察是一致的。按居民参与社区自治项目的深浅程度,从低到高,可以把参与的居民的角色分为以下几种类型:接受者、服务者、组织者。

　　1)接受者:普通居民

　　接受者是社区自治项目参与的最低层次,他们也对社区自治项目表现出一定的兴趣,主要表现为关注、了解,并在项目活动中作为被服务者参与进来,比如社区运动会的"运动员"、社区迎新晚会的观众、读书会的听众等。作为自治项目接受者的居民,往往是社区里的退休老人或青少年,尤其是老年人为主。老年人的社区参与具有两个特点:其一是以满足自己退休后的生活重构为主要目的。老年人的生活重心在家庭照顾上,包括家务劳动和抚育孙辈等。如果社区活动在其闲暇时可以让生活更丰富,或满足其某种生活需求,他们会选择参加,因此,退休老人参加的生活服务类自治项目或文化娱乐类活动比较多。其二,还有一批老年人受传统思想的影响,保持了"有事找社区"的心态。他们如果生活中遇到困难了,第一个反应也是找居委会去解决。居委会根据情况也会结合自治项目活动来满足部分老人的需求,或者说就是根据社区老人的需求来设计自治项目的申报。可见,老年居民社区参与的出发点是基于一种从社会公共福祉中分享到的个人福利需求,是一种个人利益驱动下的参与选择。青少年成为社区自治项目的另一个接受主体,一方面是因为上海中小学学生有暑期实践活动要求,最后是需要居委会在相关表格上盖章,因此,居委会有责任每年安排一些适合中小学生的社区活动。居委会也愿意通过自治项目的形式来完成这一工作。另一方面是越来越多的家长也意识到社区空间对孩子成长的重要性,他们在寻求一些有意思的社区教育活动。一旦社区有适合青少年的活动,会有一些青少年参与进来。虽然,老年人和青少年作为被服务对象参与到社区自治项目活动中来,参与层次较浅,有一定的局限性,但也不能否定其具有的积极意义。它意味着社区对居民而言不再仅仅是居住的空间,而是可以提供多元

---

① 杜晔,何雪松.从个益、互益到共益:骨干居民的身份建构与基层"公共性"的成长[J].学习与实践,
　　2023(07):108-118.

化服务和活动的场所。居民参与有助于促进社区居民互动,增进互信,营造良好的社区氛围,提升居民的社区认同感。

2)服务者:社区志愿者

服务者是社区自治项目参与的中间层次,他们对社区自治项目感兴趣,并愿意作为志愿者参与其中,通过提供一些体力或脑力劳动服务来支持社区自治项目,但这群人对项目的决策和管理影响较少,只是跟随在组织者的后面,配合他们的工作。社区志愿者从政治身份的角度可以区分为党员志愿者和非党员志愿者。党员居民往往是居委会首先动员的对象。一般来说,党员志愿者具有较高的政治素质,能够理解党的宗旨和使命,具有强烈的社会责任感和奉献精神。他们的参与热情较高,积极投身社区志愿服务,并且由于有较强的组织纪律性,能够认真完成志愿服务任务,进而发挥出一定的示范带头作用,带动更多的居民参与社区志愿服务。非党员志愿者虽然没有政治身份所要求的义务色彩,更多是主动参与志愿服务的供给,而这离不开志愿身份建构的过程。这些志愿者往往是从"接受者"转变而来。他们在早期出于个人利益的需求,享受过居委会提供的社区生活服务或参与过居委会开展的文化娱乐活动之后,与居委会工作人员之间增进了人际关系,并对社区工作产生了认同感,进而愿意同社区互惠互益,为社区的发展贡献自己的力量。社区志愿者群体作为服务者参与到自治项目中,表现出超越利己主义的旨趣,即具有了一定的公共精神。这种个人同社区双向帮扶、互惠互益的生活方式为社区活动参与提供了积极的伦理环境,有助于培育社区社会资本。

有必要特别提一下的是,在自治项目开展过程中,除了相对传统的老年志愿者,还出现了一批新的志愿者,即一些相对年轻的"宝爸宝妈",尤其是全职太太。这些年轻父母作为志愿者,本身文化程度相对较高,属于中产阶层,不是需要受社区照顾的弱势群体,他们参与更多是为孩子营造更好的社区实践氛围,因为他们比较重视教育,希望在社区中获得在学校甚至在市场中得不到的一些内容,比如培养孩子的公益心,比如在社区中寻找同龄朋友,比如低价、便利的家庭教育理念的学习与践行。他们往往是因为陪伴孩子参加社区青少年实践活动而成为相关活动的志愿者,并随着对社区工作认识的加深,其关注的点从与社区教育活动相关,拓展到社区的其他公共事务上,成为一个真正的社区志愿者。甚至还有些家长不满足于居委会所提供的设计相对简单、内容不够丰富的青少年社区活动,便亲自参与到项目的设计、开展中来,成长为自治项目的组织者。在 V 街道最有名的一个例子是,一个全职太太,从参加社区活动成为志愿者开始,历经十余年,逐渐成为社区居民骨干、居委会委员、居委会主任,目前担任居民区书记,被传为社区佳话。当前,V 街道在自治项目推进的过程中,也特别强调要求草根社会组织挖掘本地的志愿者资源,培育社区团队,尤其是中青年的志愿者。中青年志愿者一般从家长居民中挖掘。但这些志愿者还有一个特点就是,随着孩子的成长周期而退出志愿者群体,即孩子长大了,不需要参加社区实践活动时,他们也就不再当社区志愿者了。

　　3)组织者:项目小组核心成员

　　组织者是社区自治项目参与的最高层次和核心力量,他们对社区自治项目感兴趣,愿意参与,并积极参与项目的决策、管理和监督,或组织社区活动、推动社区变革等。这些居民是自治项目小组的核心成员,他们是整个项目策划与实施的灵魂。他们往往是在社区志愿者的群体中由于具有某方面的优势或特质而从"服务者"进化为"组织者",他们也就是我们平常所说的社区精英。此处所说的城市社区精英是指非体制内精英,"指自治社区内自我意识强烈、行动能力突出,并且比其他社区居民拥有更多的权威性资源(如经济资源、政治资源、社会资源和文化资源等),从而在城市社区中享有绝对权威的人"①。当然,拥有比其他居民更多的资源并不是成为社区精英的必要条件。事实上,从"服务者"到"组织者"的升级也需要一个身份建构转变的过程。与社区志愿者主要基于互益原则来参与社区自治项目不同,项目小组的骨干成员则基于共益取向,即同社区融合,不断寻求个人利益与公共利益的平衡。他们逐渐意识到自己在社区治理中的重要作用,也生发出较强的责任意识,进而会努力提高自己的能力,以更好地履行自己的职责。他们会利用自己的优势,进而进行资源的链接与拓展,将社区需求与资源之间联系起来;他们组织更多居民参与到协商议事中,把解决"社区事"看作自身责任的一部分,在项目运作中承担着重要的领导和组织职责。可见,资源优势是城市社区精英形成的关键结构要素,而其公益参与动机的激发与升华是其成长为社区精英的精神内核。居委会要善于识别、挖掘、

---

① 卢学晖.城市社区精英主导自治模式:历史逻辑与作用机制[J].中国行政管理,2015(08):94-99.

培育和运用社区精英[①]。

　　当然,居民参与社区自治项目的深浅程度不是一成不变的,可以随着居民参与意识的提升、参与能力的增强而不断提高。从时间的纵向维度来看,自治项目小组的核心成员也往往经历了一个从接受者到服务者再到组织者的成长过程。从空间的横向维度来看,在某个时间里一个社区里的居民参与同时具有接受者、服务者、组织者三种类型。在自治项目的三个环节里,即立项、实施和结项,不同角色的参与者在其中所做的事情是不一样的(详见表3-4)。具体来说,第一,在项目立项环节,项目的组织者即项目小组核心成员要和居委会一起,组织开展项目的需求调研,参与讨论项目设计方案,撰写项目意见征集表,撰写项目申请表,参加项目申请答辩会。在这个环节,服务者即社区志愿者往往被居委会邀请过来参与社区需求调研座谈会,个别志愿者会主动找居委会或项目小组核心成员沟通社区问题。而部分居民作为接受者,则通过微信群、小区宣传栏等方式获取项目立项相关信息,也可能被居委会要求填写社区需求调查问卷。第二,在项目实施环节,组织者的任务包括讨论形成项目活动的具体方案,招募社区志愿者,购买活动所需物资,协调联络场地与设备,报销项目费用,有时还要参加项目实施的中期测评会。服务者则帮忙开展项目宣传,吸引居民参与,还参与场地布置、秩序维持、绿植保养等志愿服务,极少数居民会捐赠一定的金钱或物资,比如把自家的绿植拿出来放到某一公共空间供大家欣赏。接受者在这个环节就是参与和享受项目小组开展的各种活动,让项目得以有效完成。第三,在项目结项环节,组织者需要在召开社区层面项目总结会的基础上,撰写项目结项申请书,整理项目结项需要的附件材料,参与项目结项评审答辩会,有机会还会受邀参与街道层面的项目表彰或交流会。服务者则会参与项目总结会,或是参与项目满意度调研,有些志愿者会主动向居委会或项目小组反映对项目的看法与建议。接受者在这个环节一般是填写项目满意度调查问卷。

---

①　彭灵灵.我国城市社区精英的社会面貌和实现因素[J].学术研究,2021(11):84-88.

表 3-4　不同居民参与群体在项目三个环节的参与情况

	组织者	服务者	接受者
项目立项环节	组织项目需求调研； 参与讨论项目设计方案； 撰写项目意见征集表； 撰写项目申请表； 参加项目申请答辩会	参与社区需求调研座谈会； 主动找居委会沟通社区问题； 主动跟社区骨干讨论社区问题	通过微信群、小区宣传栏等方式获取项目立项相关信息； 填写社区需求调查问卷
项目实施环节	讨论形成项目活动的具体方案； 招募社区志愿者； 购买活动所需物资； 协调联络场地与设备； 报销项目费用； 参加项目实施的中期测评会	开展项目宣传，吸引居民参与； 捐赠金钱或物资； 提供场地布置、秩序维持等志愿服务	接受项目活动的服务
项目结项环节	召开项目总结会； 撰写项目结项申请书； 整理项目结项需要的附件材料； 参与项目结项评审答辩会； 参与项目结项后的表彰会或交流会(街道层面)	参与项目满意度调研座谈会； 主动向居委会或项目小组反映对项目的看法与建议； 参与项目总结会	填写项目满意度调查问卷

第 4 章
社区自治项目化运作的治理绩效分析

　　社区自治项目化运作是上海市政府为激发居民参与社区治理，提升社区自治水平而推出的一项社会治理创新举措。"自治金"的来源是上海市财政安排的专项资金，由居民区根据居民自治需求和实际情况提出项目申请，经街道审核后，由区政府下拨"自治金"。那么政府投入的社区自治项目的实践效果如何？即作为一种社会治理创新方式，其治理绩效如何？尤其是 V 街道社区自治项目历经十年发展，其是否实现了促进居民参与的预期目标呢？因此，有必要对自治项目进行绩效评价。

　　从逻辑上来说，有两种类型的项目绩效评价。其一是对每个具体的社区自治项目的绩效评价，相当于项目的结项评审，评估每个项目的完成情况；其二是对政府开展社区自治项目化整体工作的绩效评价，评估不同街镇对此项工作的开展情况。这两种类型的项目绩效评价是有明显区别的（见表 4-1）。首先，评价对象不同。具体项目绩效评价的对象是具体某个项目的结项，评价的是项目小组在该项目实施过程中的具体工作及成效。项目整体绩效评价的对象是政府投入资金开展自治项目化运作这件事，评价的是政府在该项工作中的整体表现。其次，评价内容不同。具体项目绩效评价的内容主要包括以下方面：项目的实施目标、实施方案、实施过程、实施成效等。项目整体绩效评价的内容主要包括以下方面：项目的目标、范围、资金使用、实施过程、成果等。再次，评价方法不同。具体项目绩效评价可以采用项目管理、绩效评价等方法进行评价。项目整体绩效评价可以采用定性、定量等多种方法进行评价。最后，评价目的不同。具体项目绩效评价旨在了解项目的实施情况，为项目改进提供参考。项目整体绩效评价则是了解项目工作推进的实际效果，提高项目运行的管理效率,促进项目工作的持续发展。

表 4‑1　两种项目绩效评价的比较

指标	具体项目绩效评价	项目整体绩效评价
评价对象	某个具体项目	整个自治项目
评价内容	项目的实施过程、项目成果等	项目的目标、过程、结果等各个方面
评价方法	一般采用定量评价的方法,如项目成本效益分析、项目效果评价等	多种评价方法,如定性评价、定量评价、问卷调查、访谈等
评价目的	了解项目的实施情况,为项目改进提供参考	了解项目的实际效果,提升政府的管理能效

　　总之,两种项目绩效评价虽有不同侧重,但都具有重要意义。项目层面的绩效评价主要关注的是项目的具体实施情况,包括项目的目标是否明确、项目的内容是否符合实际、项目的实施是否顺利、项目的效果是否显著等,其可以为项目小组改进工作提供参考,提高项目的实施效果。政府层面的绩效评价主要关注的是项目的整体效果,包括项目是否达到了预期目标、项目的实施是否规范、项目对社会的影响等,可以为政府部门改进项目工作管理提供参考,促进项目工作的持续发展。

　　一般来说,具体项目绩效评价好,项目整体绩效评价也会好。但是,两者之间并不是完全等同的。具体项目绩效评价好,说明该项目的实施情况符合预期,取得了预期效果。但是,如果项目整体绩效评价不好,说明该项目整体的目标、过程、结果等方面存在问题。例如,一个自治项目的目标是为本社区老人提供助老志愿服务。如果该具体项目的活动内容按时完成,服务人次达到预期目标,老人的满意度也不错,那么该具体项目绩效评价可以说是好的。但是,自治项目的整体目标是提高居民的社区参与水平,如果居民参与情况并没有发生实质性变化,那么项目整体绩效评价就不能说是好的。因此,我们应该综合考虑具体项目绩效评价和项目整体绩效评价,才能全面了解社区自治项目化的实际效果。

　　接下来,笔者将分别对 V 街道自治项目的上述两类绩效评价进行分析,进而通过问卷调查来了解社区居民参与情况来展现自治项目化运作的治理绩效。

4.1　社区自治具体项目的目标完成情况

社区自治项目执行环节结束之后,每年年底,V街道社会组织服务中心都会组织自治项目结项评审答辩会,请各位专家按照一定的指标体系对社区自治项目进行打分。社区自治项目结项评审指标,具体由实施情况、项目成效、财务管理三个部分组成(详见3.1.3部分)。其中,"项目实施情况"里考察项目具体实施情况,档案整理的规范性、真实性、条理性,以及项目小组成员工作能力和志愿者招募情况。"项目成效"里涵盖项目目标达成情况和项目服务对象满意度。"财务管理"涉及财务使用合理性、财务处理进度。总体而言,V街道对自治项目的结项评审比较宽松,除非是项目由于某些原因明显没有完成原定计划,严重影响了项目实施效果的,一般都是以"通过"结项。而且专家评审打分时,基本上是根据项目小组的汇报以及提供的材料留下的总体印象打分,即使每个部分给出小分也很难说是精准的。甚至有些项目小组还缺相关材料,也不是打不合格,而是让其事后补交。V街道社会组织服务中心主任解释说:

> "我们进行项目结项评审主要是想借着这个答辩机会,再请专家给他们总结点评一下,帮助他们指出项目中存在的不足,希望明年能做得更好。答辩的过程对居民来说也是一个学习的过程。通过开题和结题的答辩,让居民慢慢了解到自治项目的价值是什么,关键是要挖掘志愿者,让居民进行自我管理,而不是搞几场活动就行了,也不是说就听居委会安排就可以了。所以,在分数上,我们不会故意卡着不让过。当然我们还是请专家打分时要有区分度,真正评出好的项目来。对于识别出来做得好的项目,我们明年会着重指导,看看能不能做出品牌来。"(访谈记录J901)

所以,V街道自治项目实施十年,只有三四个项目没有通过结项评审。其他的项目得分,主要分布在60~89分,极个别的优秀项目会得到超过90分的分数。因此,可以说,V 街道社区自治具体项目的目标完成情况总体还是比较正常的。

4.2　社区自治项目化运作的整体绩效评价

　　V 街道所在的 M 区持续运用居民自治项目化管理办法开展社区自治工作走在全市的前列,以居民区现实问题为导向,坚持民主协商,持续推动全区居民自治工作取得了良好成效,逐步形成了政府政策支持下的以居民区党组织为领导核心、以居委会为主导、居民为主体、社区多元力量协同、群众广泛参与的居民自治新格局。2022 年,为了客观、科学地评估 M 区 2022 年度居民自治项目化管理实施成效,M 区民政局邀请第三方机构参与制定了《M 区 2022 年度居民自治项目化管理成效评估咨询方案》,针对全区各街镇 2022 年度开展居民自治项目化管理工作的实际成效进行专项评估,并根据评估调研数据编写《M 区居民自治项目化管理成效评估咨询报告(2022)》。以下笔者利用这次评估调研数据对 V 街道的自治项目化管理成效进行分析。

4.2.1　对街镇自治项目运作整体绩效评价的指标体系

　　根据 M 区民政局的工作部署,本次居民自治项目化管理成效评估,旨在实现以下三个目的:其一,协助各街镇做好"自治金"的监管和规范使用;其二,促进"自治金"在各居民区的社区建设和居民自治领域发挥最佳的政策效应;其三,以评促建,协助区民政局更好地发挥对街镇和居民区相关业务的指导作用。进而,明确 2022 年度居民自治项目化管理成效评估的主要内容包括以下四个方面:①居民自治项目化管理制度建设及年度工作计划编制情况;②立项开展居民自治项目基本信息及项目中期实施效果,包括立项开展的居民自治项目的名称、项目类型、实际负责人信息(身份)、负责人志愿者参与情况、项目组成员人数及构成情况、预算金额及来源、计划书完整性、预计目标、预计受益人群体、计划活动内容等;③立项开展的居民自治项目完结情况和街镇层面的工作总结,包括各街镇 2022 年度实际开展的居民自治项目的名称、志愿者参与人数及时间投入情况、实际项目金额花费及来源、实际受益人群体及受益人次、主要活动内容、项目程序的规范性(项目需求征集、预审、申报、实施、结果公示、成效评估等环节的规范性)、项目绩效评估情况(第三方评估、专家评审、评议会等)、专业机构支持情况等;④关于居民自治项目化管理工作持续改进的意见和建议等。

具体而言,第三方还构建了专门的绩效评分模型,由四部分评估分值构成,满分为100分,以此来相对客观地评价各街镇开展居民自治项目化管理工作的成效。具体指标与权重见表4-2。

表4-2 对街镇项目整体绩效评价的指标体系

评估一级指标	评估二级指标	评估三级指标	分值
A.自治项目管理制度建设情况	A1.是否有管理细则	/	8
	A2.管理细则是否较上一年度有改进	/	2
B.被评估单位基于自治项目化管理方法开展的自治项目情况	B1.自治项目规范性	项目立项前广泛征集居民区党员和群众意见的情况	10
		居民区讨论确定的项目,是否向街镇进行预申请的情况	5
		通过初审的项目,在向街镇申报项目前,提交居民代表会议讨论通过及公示的情况	5
		项目计划书的规范度情况	5
		实施过程的公示情况	5
		项目有无第三方绩效评估的情况	10
	B2.自治项目(居委会)覆盖率	自治项目居委会覆盖率	10
	B3.自治项目(预算)完成率	自治项目总预算完成率	10

（续表）

评估一级指标	评估二级指标	评估三级指标	分值
C.自治项目促进基层自治情况	C1.财政资金带动社会资金参与社区自治情况	项目经费收入中包含居民个人及社会力量赞助的费用占项目总费用的比例	5
	C2.社区志愿者参与项目情况	除项目组成员以外的,参与项目的社区志愿者人数与投入总时间	4
	C3.项目负责人参与社区抗疫情况	自治项目组主要负责人担任抗疫志愿者工作的情况	1
D.街镇自治金工作总结	D1.年度自治金主要工作内容小结情况	/	10
	D2.对本年度工作中存在问题进行反思的情况	/	4
	D3.对后续改进计划或设想的情况	/	4
	D4.街镇居民区自治项目与区域内常态化疫情防控相关工作的关联性分析	/	2

　　本次评估主要采用在线调查和文案调研的方法。一方面,事先设计了专门的评估调查表,由被评估主体单位负责人或相关工作人员基于至高诚信原则在线自填。问卷一共包含四份,分别是《街镇居民自治项目化管理工作计划调查表(街镇填报)》《街镇居民自治项目化管理工作总结调查表(街镇填报)》《居民自治项目立项情况调查表(居民区填报)》《自治项目开展及完结情况调查表(居民区填报)》。另一方面,由第三方对街镇上传的自治项目管理细则及相关文件、工作小结等文案进行分析和评估。此外,还配合使用随机核查、现场座谈的方法。

4.2.2 对现有社区自治项目绩效评价的反思

V街道2022年度立项开展45个居民自治项目。根据评估分类,其中,社区环境类19个,社区服务类12个,社区平安类1个,社区文化类7个,自治共治类0个,其他特色项目6个。从项目的主体性来看,自治项目的主要负责人为居委会工作人员的占了29%,由居民担任项目负责人的占62%,第三方组织工作人员担任负责人的9%。从项目的受益人群来看,服务于一般居民的18个,学龄前儿童9个,青少年15个,职场人士12个,老年人23个,妇女12人,来沪人员11个,残疾人等特殊人群10个,其他4个。2022年度自治项目总受益人次为35 727人次,平均每个项目的受益人次为794人次。

根据第三方的绩效评价反馈,V街道自治项目化管理综合绩效得分83.9分,绩效等级为良好。具体各方面的情况:第一,在自治项目管理制度建设方面,V街道早在2017年就出台了《V街道居民自治金工作管理办法》,并且在2022年对管理制度细则进行了修订与完善,获得10分满分。

第二,在自治项目开展情况方面,分成三个部分共满分60分。首先是自治项目化管理的规范性评估,主要考察各个项目在需求征集、项目预审、居民(代表)会议讨论并公示、项目计划书、实施过程、项目绩效评估等六个方面的运作规范性。V街道的45个项目全部事前通过听证会、座谈会、问卷调查三种形式中任一形式征集过居民区党员和居民群众意见的自治项目,被视为通过规范性办法征集过意见,本环节得10分;V街道在立项前都是经过预申请,并会反馈修改意见,得5分;V街道各居民区开展的自治项目申报前都提交居民(代表)会议讨论通过并在居民区经过7日公示,得5分;每个项目小组申请自治项目都有成文的计划书,计划书中包括了项目组人员及分工、项目受益对象及范围说明、项目进度安排、项目明细预算、项目绩效标准等,得5分。居民自治项目实施过程(开展活动等)相关内容都在居民区进行了公示,得5分。居民自治项目实施完结后,V街道组织了专家评审对项目的实际成效进行评估,得10分。其次,关于立项开展自治项目数量及居委会覆盖率评估,V街道有40个居委会,立项开展居民自治项目的居委数量为40,居委会覆盖率为100%,得10分。再次,关于自治项目预算情况及完成率评估,V街道自治项目政策总预算为

120.0 万元(依照政策规定,各街镇的自治项目总预算按每个居委会 3 万元计算得到),实际费用总额为 46.4 万元(各自治项目小组填报的经费汇总,不含自筹部分),预算完成率为 39%,该项指标满分 10 分,V 街道的绩效分值为 3.9 分。总的来说,第二部分 V 街道得了 53.9 分。

第三,在自治项目促进社区自治情况方面,涉及自治项目带动社会资金参与社区自治情况、社区志愿者参与居民自治项目情况以及项目负责人参与社区抗疫情况。V 街道自筹资金占比为 20.3%,与自筹部分占比最高 60.8% 的某镇相比,换算之后在满分 5 分中得了 1.7 分。V 街道每个项目平均获得的志愿者服务时间为 371.7 小时,与某镇开展的自治项目平均获得的志愿者参与服务时间最多为 3 837 小时相比,经折算之后在满分 4 分中得了 0.4 分。V 街道自治项目负责人 45 个中有 39 个人在疫情期间参与了社区抗疫志愿活动,得 0.9 分。总之,V 街道在第三部分满分为 10 分的情况下得了 3.1 分。

第四,在自治项目工作总结情况方面,经由第三方评估机构组建 3 人专家组,对各街道所递交的年度自治金工作总结进行独立评议打分,考察工作报告的完备程度。满分 20 分,V 街道得了 17 分。

综合以上四个方面,V 街道各部分得分和总分如下(见表 4 - 3)。对于这样的评估结果,笔者访谈了 V 街道社会组织服务中心主任。

> "这个评估报告出来之后,下面一片哗然,感觉测出来的结果和真实的情况不一致。测出来一些镇的分数很高,而根据以前的工作汇报、参观考察,大家普遍认为街道做得比镇里要好。连镇里自己也有点意外,我们怎么这么高? 可见那次测评的指标是有问题的。很多街道会议结束之后就找到了区里领导反馈这个意见。"(访谈记录 J901)

表 4 - 3　V 街道 2022 年度绩效价结果

指标	A 制度建设	B1 项目规范性	B2 居委会覆盖率	B3 预算完成率	C1 带动社会资金	C2 社区志愿者参与	C3 负责人参与社区抗疫	D 工作总结	合计
满分	10	40	10	10	5	4	1	20	100
得分	10	40	10	3.9	1.7	0.4	0.9	17	83.9

具体而言,她认为这次评估指标不合理的地方有以下几个方面。

(1)关于自治项目预算完成率。她认为计算自治项目预算完成率是在鼓励社区用钱来推动自治,但这不是一个正确的导向;而且一些好的自治项目恰恰能实现"自我造血"后不需要政府来投入太多钱。

"按照这次评估的计算方法,他们鼓励用钱,要把钱用完。这个导向也是不对的。但事实上,自治项目做得好的,并不一定是要用很多钱的。这也是相关部门从自己工作本位出发,可能是强调他们投入了多少钱到自治中来,以此显示他们的业绩。但自治工作不是说钱投得越多越好。当时我们就跟区里反馈说,你做自治项目的导向就是看谁用钱用得多,这个是很危险的,你说花钱谁不会花。我们表达的意思就是说,因为这个测评一旦在全区层面公布,其实就是一个风向标,大家的自治项目就跟着你的指标走。你鼓励花钱多的,大家都花,都找花钱多的项目运行,做最耗钱的那种项目。那么,自治项目的类型会越来越趋同。但我们就不是这样想的,比如说我们 V 街道有一些项目,居民自治做得非常好,甚至都不要来申请太多'自治金'了,只申请两三千块钱就可以,有些甚至还自愿拉几万块钱赞助,也有些是更多的物资。这才是我们欣赏的。其实自治项目最重要的特色应该是,面对类似的问题,每个社区的解决方法是可以不一样的,每个社区根据自己社区的资源、居民的情况,等等,大家可以条条大路通罗马。归根结底还是去解决居民遇到的一些焦点问题、矛盾和困难。"(访谈记录J901)

V 街道这次在自治项目预算完成率上 10 分只得了 3.9 分,并不是指街道拨给各项目小组的"自治金"他们只用了 39%,而是指区里拨给街道用于自治的钱,而 V 街道用于自治项目运作上的钱只占了 39%。依照政策规定,区里给各街镇的自治项目总预算为每个居委会 3 万元。V 街道 40 个居委会,共有120 万元。

　　"这个 120 万其实是相当于街道每一年总的所有的自治工作上的资金。但是测评问卷是只收集自治项目化运作的经费,我们今年 45 个项目实际投入 46.4 万元。这导致我们的得分很低。其实,没有一个街镇是所有自治经费都投到自治项目上的,因为街道层面还有一些培育自治的工作,以及居委会层面也还有别的自治相关的工作。自治项目运作只是自治工作中的一部分。如果测评以后都是这个鼓励用钱的导向,那我们也在想以后把居委会层面的工作,包括一些常规工作,更多地以项目化运作的方式推进,这样,计算起来自治金占总经费的比例就上去了。"(访谈记录 J901)

　　(2)关于自治项目带动社会资金的情况。她认为这个指标中所涉及的"社会资金"界定不清楚。此处的社会资金仅是社会力量捐赠的资金,还是包括其他条线的相关政府部门的投入,没有明确边界。

　　"这次评估,他们强调经费的自筹部分,这个思路是对的。但是对于自筹界定不是很清晰。一方面,有些街镇,把除了'自治金'经费之外的所有投入项目中来的资金都算是自筹。比如说一个社区微更新的自治项目,政府给你配了综合整新的钱,那也算作自筹部分。这样,我们自筹的部分经费也会上去。另一方面,我们平时在项目管理过程中,也很鼓励居民自筹,实现项目的可持续,但看到自筹部分的时候,我们会问居民这个钱或物来自哪里,要提供凭据,要确保真实。我们是非常认真的,我们不光是只认居委会或者基金会提供的捐赠票据,而且还要看自筹是怎么筹的。在镇里,他们可能是通过行政的力量让企业进行捐赠。这样自筹来的钱恰恰反映的不是自治而是行政。"(访谈记录 J901)

　　(3)关于社区志愿者人数和服务时长的情况。她认为存在指标数据填报要求不统一、填报质量参差不齐的问题,最终损害数据结果的有效性。

"我们还反馈过数据填报的有效性问题。去年的填报,街道也没有重视,因为从来没有说要在全区排名,甚至还把结果发给街道,这个工作其实我去年是不知道,是因为直接布置给街道了,街道没有跟我们(即社会组织服务中心)说。我后来了解下来,那次填报完全靠居委会按照自己的理解,在社区云上填数据,而且数据填报上去街道也不知道,因此街道也没有查看数据的权限。各居民区填完之后,第三方后台把数据加起来,然后写了一份看上去好像很权威的报告。今年街道就重视了,八九月份的时候,自治办就关照我说,叫我把所有的居委会负责人召集起来培训,告诉他们,一条条过。要向居民解释,这条他为什么要这样问你,然后你应该填什么。比如关于社区志愿者参与人数和投入时长的情况。有些居委会就把居民区所有的志愿者都填上。我们社区里有很多志愿者,但是那些志愿者如果没有参与到自治项目中来的,我们就没有填上去。我们自己年底在项目结项评估时,对志愿者的认定是要提供志愿者的通讯录的。就是要讲清楚,除了项目组成员外,项目还有哪些志愿者,他在项目中承担了什么,我们是有一张花名册的,然后会对照项目小组填的志愿者人数、服务时长,进行初步的计算和甄别,不能瞎报的都算。比如说一天平均服务时长特别长的话,肯定就有问题。一个志愿者不可能一天服务 8 小时吧?再比如说一个很小的项目自己填报说孵化了十几个志愿者,那也是不现实的。但是问题是这次评估方他们对填上来的数据没有考虑这么多。我觉得数据可以自己填,但是评估方要有一个方式来验证,随机抽查或者实地访谈之类的。作为评估方的第三方组织,你至少要到所有的街镇都去走一遍,然后你要到项目点上面,哪怕抽一个、两个,你去一问就知道有些数据是真是假了。"(访谈记录 J901)

总的来说,对自治项目进行科学的绩效评价是一项复杂的工作,其难点主要体现在以下几个方面:其一,评价目标的多样性。自治项目的目标往往是多样的,不仅包括具体的自治项目所提供的服务数量、质量、居民满意度,而且包括促进居民参与,激发社区自治活力、可持续性等。其二,评价指标的难以量化。自治项目的效果往往是难以精准量化，比如服务质量、居民参与程度、社区自治活力水平等。其三，评价数据的难以获取。自治项目的实施主体多是社区居委会、社区群团组织，这些组织的内部管理水平参差不齐，数据统计和管理水平也有所差异。如何获取准确、可靠的评价数据，也是一个挑战。2022 年度自治项目的绩效评价受到一定的质疑也可以理解。笔者认为当前绩效评估中尚存在指标体系不够全面、指标权重不合理、评价方法不科学的问题。现有的指标体系侧重于项目的制度建设、工作总结，以及项目规范性、居委会覆盖率、预算完成率，对于自治项目中的志愿者参与只有 10% 的比重，这其实是对自治项目对促进居民参与、激发社区自治活力的目标的不重视。这可能导致一些街镇为了追求项目量化成效，而忽视对居民参与的激励。另外，目前绩效评价所依赖的数据主要依靠居委会或街镇层面的自我报告，导致数据的有效性和真实性打了折扣。因此，笔者将利用问卷调查和实地访谈的方式，聚焦居民参与，了解自治项目实施十年之后，V 街道居民参与社区治理的状况，以此来着重反映自治项目的绩效水平。

4.3　社区自治项目化运作后的居民参与样态

是否参与过社区公共事务可能会对社区居民对于参与社区公共事务的知识、信念和行为产生影响。本部分将在构建社区居民参与样态测量指标体系的基础上设计问卷，并对收集的数据进行描述性统计分析，以展现社区居民参与样态。

4.3.1　居民参与样态测量指标体系的构建

1）指标体系构建的目标与基本原则

构建社区居民参与样态测量指标体系的目标是为了测量社区居民在参与社区公共事务，尤其是在参与自治项目后，对于参与社区公共事务，在知识、信念和行为上的状态和水平。社区居民参与样态测量指标体系的构建应遵循以下几项基本原则：其一，科学性与有效性结合。科学性是指所选取的指标尽量反映社区居民参与的内涵，测定和统计方法要标准和规范。有效性是指应选择能测量社区居民参与最关键的代表性指标。其二，全面性与系统性结合。选取的指标一方面要能够展现社区居民参与的综合特征，另一方面也要有层次分明的逻辑，能够有机结合为一个整体。其三，可操作性与简明性结合。既要考虑调研具体的实施情景以及研究者的时间和精力，也要保证指标简单明了、易于理解。

2）指标细化

知信行理论将人类的行为改变分为获取知识、产生信念和形成行为三个连续的过程。知识是行动的基础，信念是促进知识学习与行为改变的动力，行为决定效果。所谓效果，即社区居民参与效能感，是指社区居民对所参与的活动及参与体验的判断。社区居民参与效能感代表着政治效能感在社区参与过程中的具体表现。为准确衡量社区居民参与社区公共事务后在知识、信念和行为上的积极转变情况，我们在沿用"知信行"模式的基础上对指标做进一步优化，增加"效能感"这一维度，并形成对应的问卷问题。

具体来说，一级指标分为"知""信""行""效能感"。首先，居民参与认知内含居民参与治理意识和感知，具体包括声明性知识、程序性知识、有效性知识和社会学知识①。因此，一级指标"知"下又分为"声明性""程序性""有效性""社会性"四个二级指标，主要衡量社区居民对于社区公共事务参与相关内容的知晓情况。其次，从主体上看，社区居民参与除居民自身外，还涉及居民参与相关方。因此，一级指标"信"下含"对居民参与相关方的态度""居民自身参与的意愿"两个二级指标，主要衡量社区居民对于社区公共事务参与相关内容的态度。再次，"公民梯度参与理论"将公民参与程度划分为完全型公民参与、象征性参与和"非参与"的参与三个类型，以及公民控制、代表权、合作伙伴、安抚、咨询、告知、治疗、操纵八个梯级②。2014年，国际公众参与协会将公众参与简化为以下五个等级：告知、咨询、参与、合作、授权。之后，国际公众参与联合会对公众参与范围进行拓展，提出参与等级的划分依赖于目标、时间框架、资源和决策过程中担忧的水平。笔者为了更加全面列举出社区居民参与行为，将其按实现参

① 谷甜甜.老旧小区海绵化改造的居民参与治理研究[D].南京：东南大学，2019.

② Sherry R. Arnstein. A Ladder of Citizen Participation[J]. Journal of the American Institute of Planners，1969，Vol. 35，No. 4：216 − 224.

与目的(即影响社区参与的程度),将一级指标"行"划分为"获取信息""表达意见""提出建议""参与决策""执行决策"五个二级指标,主要衡量社区居民通过实际行动参与社区公共事务的程度。最后,关于政治效能感的研究文献中,往往将政治效能感区分为两种,即内在政治效能感和外在政治效能感,前者主要是指"公民对参与政治活动的能力的认知",后者主要是指"公民对政治体系对他们需求的回应的认知"[①]。因此,一级指标"效能感"下含"对自身影响力的判断""对政府回应能力的判断"两个二级指标,主要衡量社区居民对是否有效参与社区公共事务的认可程度。二级指标下具体问题见表 4‐4。

表 4‐4　社区居民参与样态测量指标体系

一级指标		二级指标	问题
社区居民参与样态	知	声明性	居委会是社区居民的自治组织
			社区业主/居民拥有自主决定社区公共事务的权利
			居民**没有**义务参与社区公共事务
			居民参与对建设美好社区、实现社区秩序有重要作用
		程序性	社区或政府等部门会提供相关渠道让我参与社区公共事务
			我**不清楚**如何参与到社区公共事务中
		有效性	我的参与对社区公共问题的解决、实现美好社区建设有一些帮助
			我参与到社区公共事务处理中对我自己来说也有好处(比如提升能力、扩大交往、愉悦精神等)
		社会性	我的家人和朋友会参与到社区公共事务中
			我的家人和朋友**不希望**我参与到社区公共事务中

---

① 裴志军.政治效能感、社会网络与公共协商参与——来自浙江农村的实证研究[J].社会科学战线,2015(11):195‐205.

（续表）

一级指标	二级指标	问题
社区居民参与样态	对居民参与相关方的态度	我觉得政府应当提供渠道让居民积极参与到社区公共事务中
		我觉得居委会在动员居民参与中应该发挥更大作用
		我支持居民参与社区公共事务
	居民自身参与的意愿	即便政府部门或社区提供机会,我也**不愿意**参与到社区公共事务中
		如果存在某个社区公共问题,虽然一时没有合适的参与渠道,我也会想办法解决
		为了让社区变得更好,我愿意付出一定的时间精力参与社区公共事务
		我**不愿意**动员周围居民参与到社区公共事务中
	获取信息	您通过哪些渠道获取过社区公共事务中的相关信息?
	表达意见	您通过哪些渠道对社区公共事务发表过自己的看法?
	提出建议	您通过哪些渠道对社区公共事务提出过自己的建议?
	参与决策	您参与过哪些类型的社区公共事务相关决策?
	执行决策	一般来说,社区居委会或业委会做出决策之后要把事情落实下来,需要居民的参与。请问您的具体参与情况?
		请问您参与的是哪些方面?
	对自身影响力的判断	我有能力参与到社区公共事务的协商、决策、管理或监督中去
		我**不了解**自己所参加的社区公共事务的相关信息
	对政府回应能力的判断	我的参与对社区公共事务的推进**没有**积极作用
		街道领导或居委会工作人员重视我对社区公共事务的意见和行动

注：一级指标中还包含"信"、"行"、"效能感"三个分类纵向排布，分别对应上述各二级指标组。

3)问卷设计与赋值

本研究所使用的问卷《V 街道社区自治项目居民参与调查问卷》(见附录)主要分为如下三部分:第一部分"个人基本信息",主要记录社区居民的性别、年龄、教育程度、政治面貌、户籍状况、就业状况、工作单位或公司类型、工作职位、居住社区类型、居住时长等;第二部分"居民社区参与的总体情况",从知(声明性、程序性、有效性、社会性)、信(对居民参与相关方的态度、自己参与的意愿)、行(获取信息、表达意见、提出建议、参与决策、执行决策)、效能感(对自身影响力的判断、对政府回应能力的判断)四个层面,测量居民社区参与的总体情况;第三部分是"居民参与自治项目的状况",探究社区居民在申请立项、实施项目和评审结项三大环节的参与情况,以及社区居民对自治项目开展作用的评价。

为进一步量化社区居民对于参与社区公共事务在认知、态度和行为上的状况,我们依据五级李克特量表对问卷中需要量化的题目进行选项设置,见表 4-5。

表 4-5 《V 街道社区自治项目居民参与调查问卷》各题赋值方法

题号	内容	[1]	[2]	[3]	[4]	[5]
B1a、B1b、B1d、B1e、B1g、B1h、B1i、B2a、	答案	非常不同意	不同意	中立	同意	非常同意
B2b、B2c、B2e、B2f、B4a、B4d	得分	1	2	3	4	5
B1c、B1f、B1j、B2d、	答案	非常不同意	不同意	中立	同意	非常同意
B2g、B4b、B4c	得分	5	4	3	2	1
C4a、C4b、	答案	很小	小	一般	大	很大
C4c、C4d	得分	1	2	3	4	5

注:B3a、B3b、B3c、B3d、B3e、B3f、C3a、C3b、C3c 采用"受访者选取选项数/题目选项数"计分。

4.3.2 调查样本基本情况

笔者利用 V 街道举办"友邻节"的机会,在现场设"自治项目小调研"的摊位,邀请居民扫码填答线上问卷,对于使用手机不方便的少数老人则使用纸质问卷进行调查。这样以线上和线下相结合的方式,共收集 297 份问卷,有效问卷达 268 份。其中,线上有效问卷 241 份,线下有效问卷 27 份。可见,本次调查采用的是非概率抽样,虽然该方法的科学性和样本的代表性较概率抽样来说要低,但考虑到在街道层面进行概率抽样的难度过大,这也是一种退而求其次的做法。而且,本次调查的目的不是全面了解居民参与的整体状况,而是侧重点在于把握居民在当前参与中呈现出何种样态。那天来"友邻节"活动现场的居民,相对来说是平时参与社区治理较多的。对这些居民进行调查,可以在一定程度上展现居民参与的样态。

本次问卷调查共获得 268 份有效样本。从性别来看,73.88%的被访者为女性,男性占比 26.12%。从年龄分布来看,被访者多为集中在 35~59 岁的中年群体,占总人数的 54.10%,18~34 岁及 60 岁以上群体分别占 26.12%和 19.78%。从教育程度来看,60.45%的被访者具备大专及本科学历,高中及以下占比 16.97%,硕士及以上占比 22.76%。从政治面貌来看,非党员人数多于党员人数,分别占 69.03%和 30.97%。从户籍状况来看,多数被访者是具有上海户籍的本地人,占总人数的 52.99%;其次为新上海人,占比 29.10%;其余 17.91%的居民为外地户籍。从就业状况来看,有工作群体占比 65.3%;学生或退休人员占比 27.61%,失业待业者占比 7.09%。从居住社区类型来看,被访者多居住于老旧小区及保障性住房社区、普通商品房小区,分别占 52.24%和 44.03%;仅 3.74%的居民居住于别墅区或高级住宅区及其他社区。从社区居住时长来看,居住 10 年以上的最多,占比 43.66%;其次为 2~5 年,占比 30.97%;位列第三的为 6~10 年,占比 17.54%;仅 7.84%居民的居住时间小于等于 1 年。从住房产权来看,大多数居民属于自有房居住,占比 77.99%;仅 22.01%的居民属于租房居住,见表 4-6。

表 4-6 样本基本信息统计表（N=268）

变量	取值	百分比	变量	取值	百分比
性别	男	26.12%	就业状况	有工作	65.30%
	女	73.88%		失业、待业	7.09%
年龄	18～34 岁	26.12%		学生或退休人员	27.61%
	35～59 岁	54.10%	居住社区类型	老旧小区及保障性住房社区	52.24%
	60 岁以上	19.78%		普通商品房小区	44.03%
教育程度	高中及以下	16.79%		别墅区或高级住宅区及其他	3.74%
	大专及本科	60.45%	社区居住时长	小于等于 1 年	7.84%
	硕士及以上	22.76%		2～5 年	30.97%
政治面貌	党员	30.97%		6～10 年	17.54%
	非党员	69.03%		10 年以上	43.66%
户籍状况	上海户籍（本地人）	52.99%	住房产权	租赁	22.01%
	上海户籍（新上海人）	29.10%		自有房	77.99%
	外地户籍	17.91%			

4.3.3 社区居民参与的"知信行"与效能感分析

基于问卷所获得数据，本节内容对受访者整体在"知""信""行"与效能感四方面进行描述性统计分析，呈现社区居民参与各方面的整体情况。

1）社区居民参与的"知信行"分析

（1）社区居民参与的"知"水平分析。"知"，即指代居民对社区参与的认知状况，本研究主要从声明性、程序性、有效性和社会性四维度进行测量。测量使用五点李克特量表，选项分别设置为"非常不同意、不同意、中立、同意、非常同意"，按照居民对社区参与认同的高低，对选项按顺序依次赋值为"1～5"分，数据结果如下所示。

首先,总体来看,本研究共计使用 10 题测量"知",总分上限 50 分,实际总分平均值为 39.36,各题项平均值 3.94。可见,V 街道居民对社区参与的认知水平普遍较高,在社区参与基本信息、程序环节与自身作用等方面具有较为全面的认识。

其次,各维度的统计结果如下。声明性方面,使用"B1a.居委会是社区居民的自治组织"等 4 题进行测量,总分上限 20 分,实际总分平均值 15.99,各题项指标平均值 3.99;程序性方面,使用"B1e.社区或政府等部门会提供相关渠道让我参与社区公共事务"等 2 题进行测量,总分上限 10 分,实际总分平均值 7.24,各题项指标平均值 3.62;有效性方面,使用"B1g.我的参与对社区公共问题的解决、实现美好社区建设有一些帮助"等 2 题进行测量,总分上限 10 分,实际总分平均值 8.17,各题项指标平均值 4.09;社会性方面,使用"B1i.家人,朋友和邻居等对我而言重要的人会参与到社区公共事务中"等 2 题进行测量,总分上限 10 分,实际总分平均值 7.97,各题项指标平均值 3.98。各维度统计说明社区居民在社区参与各方面的认知水平较为相似,均表现为良好的水平,见表 4-7。

表 4-7 社区居民"知"水平的描述性分析

		总分均值	题数	指标均值	标准差	最小值	最大值
知	声明性	15.99	4	3.99	2.710063	7	20
	程序性	7.24	2	3.62	1.635503	3	10
	有效性	8.17	2	4.09	1.633113	2	10
	社会性	7.97	2	3.98	1.469666	5	10
	总体	39.36	10	3.94	6.063303	19	50

(2)社区居民参与的"信"水平分析。"信",指代居民对社区参与的态度和意愿,本研究主要从居民对社区参与的态度和自身参与意愿两个维度进行测量。测量使用李克特量表进行,选项分别设置为"非常不同意、不同意、中立、同意、非常同意",按照居民对社区参与意愿的高低,对选项按顺序依次赋值为"1~5"分,数据结果如下所示。

首先,总体来看,共计使用 7 题测量"信",总分上限 35 分,实际总分平均值为 28.47,各题项平均值 4.07。总体而言,居民对社区参与的态度和参与意愿较为积极,认为各相关方应保障居民正常参与社区事务的权利,且自身进行社区参与的意愿相对强烈。

其次,各维度统计结果如下。对相关方的态度方面,本研究使用"B2a.我觉得政府应当提供渠道让居民积极参与到社区公共事务中"等 3 题进行测量,总分上限 15 分,实际总分平均值 12.79,各题项指标平均值 4.26;自身参与意愿方面,使用"B2d.即便政府部门或社区提供机会,我也不愿意参与到社区公共事务中"等 4 题进行测量,总分上限 20 分,实际总分平均值 15.68,各题项指标平均值 3.92。各维度数据结果说明居民对社区参与相关方和自身参与的态度情感倾向较为接近,均表现为积极的水平,见表 4-8。

表 4-8　社区居民"信"水平的描述性分析

		总分均值	题数	指标均值	标准差	最小值	最大值
信	对居民参与相关方的态度	12.79	3	4.26	2.296156	3	15
	我自己参与的意愿	15.68	4	3.92	2.66392	7	20
	总体	28.47	7	4.07	4.546374	10	35

(3)社区居民参与的"行"水平分析。"行",指居民对社区公共事务的参与行为情况,本研究主要从获取信息、表达意见、提出建议、参与决策和执行决策共五个维度来进行测量,主要评估社区居民通过实际行动参与社区公共事务的程度。前四个维度的测量题项设置为多选题,在数据处理时,对每个题目采取"勾选的选项赋值为 1,未勾选的选项赋值为 0"的方式,与此同时生成一个新的变量,命名如"行为水平下的获取信息得分",其取值等于多个选项的分数之和,以此来分别呈现行为水平下前四个维度的得分情况;最后一个维度的测量为单选题,按照居民参与社区公共事务行为的程度高低,对问卷收集数据按顺序赋值为"1~4"。数据结果如下分析。

首先,从总体来看,测量"行"的五个维度的得分范围为 0~10 分,但各维度的实际总得分平均值都低于 3.5 分,并且其中四个维度的实际总得分平均值均低于 3.0 分,说明居民对社区公共事务的参与行为整体水平较低,见表 4 - 9。

表 4 - 9　社区居民"行"水平的描述性分析

		总分均值	选项数(B3e)	指标均值	标准差	最小值	最大值
	获取信息	2.56	8	0.32	1.453603	1	8
	表达意见	2.92	11	0.27	2.005791	1	10
行	提出建议	2.30	10	0.24	1.93965	0	10
	参与决策	1.63	5	0.33	1.352881	0	5
	执行决策	3.43	4	/	0.797122	1	4

　　其次,各维度数据结果如下。第一,居民行为中的获取信息是指居民主动获取社区公共事务相关信息的行为,通过问题"B3a.您通过哪些渠道获取过社区公共事务中的相关信息?"来了解具体情况,并且将该多选题的选项设置为"微信、QQ 等网络交流群/微信公众号/公告栏/居民代表会议/居民评议会/座谈会/听证会/其他"共八项。整理样本数据后,可以发现居民获取社区公共事务相关信息的渠道平均得分较低,为 2.56,即居民获取社区公共事务相关信息的平均渠道数为 2.56 个;并且大多数居民获取社区公共事务相关信息的渠道主要为 1~3 个。具体来说,20.90% 的居民获取社区公共事务相关信息的渠道数为 1 个;39.18% 的居民获取社区公共事务相关信息的渠道数为 2 个;23.51% 的居民获取社区公共事务相关信息的渠道数为 3 个;16.41% 的居民获取社区公共事务相关信息的渠道数为 4~8 个,见表 4 - 10。

表 4 - 10　社区居民"行"——获取信息维度的描述性分析

行为水平下的获取信息得分	频数	百分比
1	56	20.90%
2	105	39.18%
3	63	23.51%

（续表）

行为水平下的获取信息得分	频数	百分比
4	19	7.09％
5	7	2.61％
6	8	2.99％
7	9	3.36％
8	1	0.36％
总计	268	100.00％

　　第二,居民行为中的表达意见是指居民主动提出社区公共事务中的不满和问题,但不涉及具体的建设性建议的行为,通过问题"B3b.您通过哪些渠道对社区公共事务发表过自己的看法?"来了解具体情况,并且将该多选题的选项设置为"与邻居(居民)当面沟通/微信、QQ 等网络交流群/微信公众号/居民代表会议/居民评议会/座谈会/听证会/问卷调查/意见箱/向居委会工作人员反馈/其他"共 11 项。整理样本数据后,可以发现居民对社区公共事务表达意见的渠道平均得分较低,为 2.92,即居民对社区公共事务表达意见的平均渠道数为 2.92 个;并且大多数居民对社区公共事务表达意见的渠道主要是 1～3 个。具体来说,22.76％的居民对社区公共事务表达意见的渠道数为 1 个;30.60％的居民对社区公共事务表达意见的渠道数为 2 个;21.27％的居民对社区公共事务表达意见的渠道数为 3 个;9.33％的居民对社区公共事务表达意见的渠道数为 4 个;16.04％的居民对社区公共事务表达意见的渠道数为 5～10 个,见表 4 - 11。

表 4 - 11　社区居民"行"——表达意见维度的描述性分析

行为水平下的表达意见得分	频数	百分比
1	61	22.76％
2	82	30.60％
3	57	21.27％
4	25	9.33％
5	19	7.09％

（续表）

行为水平下的表达意见得分	频数	百分比
6	6	2.24％
7	5	1.87％
8	4	1.49％
9	2	0.75％
10	7	2.60％
总计	268	100.00％

第三，居民行为中的提出建议是指居民对社区公共事务提出有建设性的建议，或提供影响社区公共事务决策的方案的行为，通过问题"B3c.您通过哪些渠道对社区公共事务提出过自己的建议？"来了解具体情况，并且将该多选题的选项设置为"微信、QQ 等网络交流群/微信公众号/居民代表会议/居民评议会/座谈会/听证会/问卷调查/意见箱/向居委会工作人员反馈/向业委会成员反馈/以上均无"共 11 项。整理样本数据后，可以发现居民对社区公共事务提出建议的渠道平均得分较低，为 2.30，即居民对社区公共事务提出建议的平均渠道数为 2.3 个；并且大多数居民对社区公共事务提出建议的渠道较少，主要只有 0～3 个。具体来说，12.31％的居民对社区公共事务提出建议的渠道数为 0个；26.12％的居民对社区公共事务提出建议的渠道数为 1 个；26.12％的居民对社区公共事务提出建议的渠道数为 2 个；17.16％的居民对社区公共事务表达意见的渠道数为 3 个；18.29％的居民对社区公共事务表达意见的渠道数为 4～10个，见表 4 - 12。

表 4 - 12　社区居民"行"——提出建议维度的描述性分析

行为水平下的提出建议得分	频数	百分比
0	33	12.31％
1	70	26.12％
2	70	26.12％
3	46	17.16％

（续表）

行为水平下的提出建议得分	频数	百分比
4	23	8.58%
5	9	3.36%
6	5	1.87%
7	4	1.49%
8	3	1.12%
10	5	1.87%
总计	268	100.00%

第四,居民行为中的参与决策是指居民在有关社区公共事务的有限决策方案中做出选择的行为,通过问题"B3d.您参与过哪些类型的社区公共事务相关决策?"来了解具体情况,并且将该多选题的选项设置为"参与居委会组织的投票表决/参与业委会组织的投票表决/和居委会工作人员共同参与决策/和业委会成员共同参与决策/和社区居民骨干共同参与决策/以上均无"共六项。整理数据后,可以发现居民参与社区公共事务决策的渠道的平均得分较低,为 1.63,即居民参与社区公共事务决策的平均渠道数为 1.63 个;并且大多数居民参与社区公共事务决策的渠道得分较低较少,主要只有 0~2 个渠道。具体来说,23.88% 的居民对社区公共事务提出建议的渠道数为 0 个;25.37% 的居民对社区公共事务提出建议的渠道数为 1 个;29.10% 的居民对社区公共事务提出建议的渠道数为 2 个;21.65% 的居民对社区公共事务表达意见的渠道数为 3-5 个,见表 4-13。

表 4-13　社区居民"行"——参与决策维度的描述性分析

行为水平下的参与决策得分	频数	百分比
0	64	23.88%
1	68	25.37%
2	78	29.10%
3	35	13.06%

（续表）

行为水平下的参与决策得分	频数	百分比
4	8	2.99％
5	15	5.60％
总计	268	100.00％

第五,居民行为中的执行决策是指居民能够直接作用于社区公共事务的行为,通过问题"一般来说,社区居委会或业委会做出决策之后要把事情落实下来,需要居民的参与。请问您的具体参与情况?"来了解居民的参与情况。整理样本数据后,初步发现大多数居民是积极参与。具体来说,60.07％的居民是积极参与;25％的居民是被工作人员动员参与;12.69％的居民是基本不参与;2.24％的居民是完全不参与。

除此之外,对居民行为中的执行维度,本研究进一步通过题项"请问您参与的是哪些方面?"来了解居民积极参与社区公共事务的具体方面。整理收集得到的161份积极参与的居民样本数据后,可以发现绝大多数居民积极参与的具体方面都是配合相关工作,只有极少数居民是主动监督活动效果、投诉、上访和其他。因此可以认为,在执行决策方面,绝大多数居民对于社区公共事务的参与主要是配合居委会或业委会开展的社区工作,见表4-14与表4-15。

表4-14　社区居民"行"——执行决策维度的描述性分析

选项(B3e)	频数	百分比
积极参与	161	60.07％
被工作人员动员参与	67	25.00％
基本不参与	34	12.69％
完全不参与	6	2.24％
总计	268	100.00％

表 4 - 15　社区居民"行"——执行决策维度的描述性分析

选项（B3f）	频数	百分比
配合相关工作	141	87.6%
主动监督活动效果	14	8.70%
投诉	1	0.62%
上访	1	0.62%
其他	4	2.48%
总计	161	100%

2）社区居民参与的效能感分析

效能感，指的是社区居民对是否有效参与社区公共事务的认可程度，本研究主要从对自身影响力的判断和对政府回应能力的判断两个维度来展开测量。测量使用李克特量表进行，选项设置为"非常不同意、不同意、中立、同意、非常同意"，按照居民对有效参与社区公共事务的认可程度的高低，对选项按顺序依次赋值为"1～5"分。需要特别说明的是，由于 B4b 和 B4c 两题采取了反向提问的方式，为了保证对题项之间展开数据分析的逻辑一致性，笔者对其进行了适当的（反向）编码赋分。数据结果如下分析。

首先，总体来看，本研究共计使用 4 题测量效能感，总分上限 20 分，实际总分平均值为 14.66，各题项平均值 3.67。总体而言，居民对社区参与的效能感普遍较高，在对自身影响力和对政府回应能力两方面的判断上具有较为全面的认识。

其次，各维度统计结果如下。一是对自身影响力的判断，通过"B4a.我有能力参与到社区公共事务的协商、决策、管理或监督中去"和"B4b.我不了解自己所参加的社区公共事务的相关信息"这两题进行测量，总分上限 10 分，实际总分平均值 7.40，各题项指标平均值 3.70；二是对政府回应能力的判断，通过题目"B4c.我的参与对社区公共事务的推进没有积极作用"和"B4d.街道领导或居委会工作人员重视我对社区公共事务的意见和行动"这两题来进行测量，总分上限为 10 分，实际总分平均值 7.26，各题项指标平均值为 3.63。各维度统计说明社区居民在社区参与的效能感水平较为相似，均表现为良好的水平，见表 4 - 16。

表 4 - 16　社区居民效能感水平的描述性分析

		总分均值	题数	指标均值	标准差	最小值	最大值
效能感	对自身影响力的判断	7.40	2	3.70	1.48435	4	10
	对政府回应能力的判断	7.26	2	3.63	1.544878	3	10
	总体	14.66	4	3.67	2.737189	8	20

4.3.4　参与自治项目对居民参与"知信行"的影响

本次问卷的第三部分是"居民参与自治项目的状况",探究 V 街道居民在申请立项、实施项目和评审结项三大环节的参与情况,以及居民对社区自治项目开展作用的评价。笔者将在呈现居民参与自治项目状况的基础上,对参与过自治项目和没有参与过自治项目的居民在"知""信""行"以及效能感上的差别进行比较,在一定程度上反映参与自治项目对居民参与"知""信""行"的影响。

1)居民参与社区自治项目情况分析

根据调查结果可知,共有 27.61% 的居民参与过社区自治项目,其余72.39% 的居民未参与,总体参与人数较少。在参与过自治项目的居民中,参与较多的项目类型分别为环境管理类,占比 70.27%;综合治理类,占比 55.41%;文化服务类,占比 48.65%;生活服务类,占比 44.59%。见表 4 - 17。

表 4 - 17　自治项目参与及项目类型分析

变量	取值	百分比
自治项目参与情况	参与	27.61%
	未参与	72.39%
参与自治项目类型	环境管理类	70.27%
	综合治理类	55.41%
	文化服务类	48.65%
	生活服务类	44.59%

接下来看一下这些居民在自治项目的三个环节中参与情况。

　　在项目立项参与方面,74 位居民中以参加社区需求调研座谈、填写调查问卷、主动找居委会沟通社区问题为主要参与形式,人数均超过 35 人,占比在 50％及以上。而在主动找社区骨干讨论问题、参与项目设计方案、撰写意见征集表与申请表、参加申请答辩会、通过各类渠道获取项目立项信息方面等参与较少,其中多数活动不足 10 人参与,占比小于 10％,少数活动在 15～20 人,占比不超过 30％。该阶段的结果反映出居民在自治项目立项中的贡献主要在于意见和需求表达,见图 4‑1 所示。

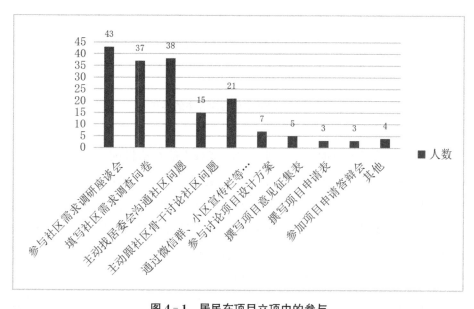

图 4‑1　居民在项目立项中的参与

　　在项目实施参与方面,74 位居民中以讨论形成具体方案、接受项目宣传、购买活动物资、招募志愿者、捐赠资金或物资为主要参与形式,人数均在 20 人以上,占比在 28％～45％。而在协调联络场地设备、参加中期测评会、接受活动服务、报销费用、提供场地布置与秩序维持等方面参与较少,人数均不超过 10 人,占比在 1％～14％。该阶段的结果反映出,自治项目的中期实施中社区能够较为有效动员居民付诸行动参与,推动项目的共建共创,见图 4‑2 所示。

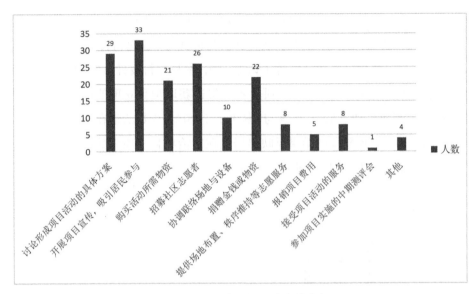

图 4-2　居民在项目实施中的参与

在项目结项参与方面,74 位居民中的多数人能够积极配合满意度调查并参与调研座谈、主动提出项目建议,人数均超过 30 人,占比在 44%～64%,反映出居民在自治项目中有着多元而深入的参与,才能够在项目后期的满意度调查方面表现出积极主动性,有体会可表达、有意见可提出,而在撰写结项申请、整理相关材料、参与结项答辩会与表彰交流会等方面参与相对较少,均不超过 15 人,占比在 6%～19%,见图 4-3 所示。

总体来看,在自治项目开展的前、中、后期,居民主要发挥了需求与意见表达、行动与智慧贡献的积极作用,推动着项目成效的向好发展。

基于项目参与,超过 75% 的居民认为自治项目在促进居民社区参与意识、提升居民自我管理能力、解决社区公共问题、完善社区治理秩序方面作用大甚至很大;20% 左右的居民认为作用一般;认为作用小或者很小的居民不超过 5%。由此可见,V 街道社区自治项目取得了良好成效,获得了绝大多数居民的认可与好评,见表 4-18。

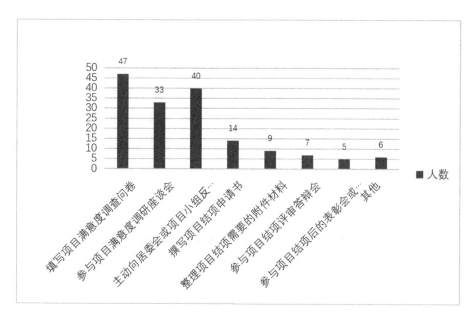

图 4 - 3　居民在项目结项中的参与

表 4 - 18　自治项目的开展作用程度分析

变量	取值	百分比				
		很小	小	一般	大	很大
自治项目开 展作用程度	促进居民社区参与意识	0.00%	2.70%	20.27%	36.49%	40.54%
	提升居民自我管理能力	1.35%	2.70%	18.92%	33.78%	43.24%
	解决社区公共问题	0.00%	2.70%	21.62%	36.49%	39.19%
	完善社区治理秩序	0.00%	1.35%	20.27%	33.78%	44.59%

2)参与自治项目对居民参与"知信行"的影响

为检验自治项目的实际绩效,即对促进居民参与的影响,笔者分别对"参与"和"未参与"项目的受访者进行"知""信""行"与效能感水平统计对比,通过交叉(列联)分析呈现差异,从而反映出自治项目的实行对居民参与"知""信""行"与效能感四方面的影响。

(1)参与自治项目对居民参与"知"的影响。将自治项目参与情况与居民"知"水平进行交叉分析,得出统计结果如下表所示。通过数据可得:总体来看,参与和未参与自治项目的居民在"知"水平得分平均值分别为 40.47 和 38.94,参与项目的居民平均得分更高;从分布情况来看,参与和未参与自治项目的居民得分均主要分布在 31～40 分、41～50 分两范围,即总分的 60%～80% 和 80%～100% 范围内,合计占比超 90%。对比来看,参与自治项目的居民认知得分最多分布得分为 41～50 分(总分 80%～100%)部分,而未参与自治项目的居民认知得分最多分布得分为 31～40 分(总分 60%～80%)部分。这说明相较于未参与自治项目的居民,参与自治项目的居民在社区参与认知水平上普遍更高,见表 4 - 19 与表 4 - 20。

表 4 - 19　自治项目参与情况差异下居民"知"水平的描述性分析

		样本数	总分均值	标准差	最小值	最大值
知	参与自治项目	74	40.47	6.250968	19	50
	未参与自治项目	194	38.94	5.951992	21	50

表 4 - 20　自治项目参与情况与居民"知"水平交叉分析

		"知"测量分数分布					
		0～10 分	11～20 分	21～30 分	31～40 分	41～50 分	总体
参与	样本数	0	1	6	33	34	74
	占比(%)	0	1.35	8.11	44.59	45.95	100
未参与	样本数	0	0	18	110	66	194
	占比(%)	0	0	9.28	56.70	34.02	100

(2)参与自治项目对居民参与"信"的影响。将自治项目参与情况与居民"信"水平进行列联分析,得出统计结果如下表所示。通过数据可得:总体来看,参与和未参与自治项目的居民在"信"水平得分平均值分别为 28.74 和 28.37,参与项目的居民平均得分略高;从分布情况来看,参与和未参与自治项目的居民在"信"水平得分均主要分布在 22～28 分、29～35 分两范围,即总分的 60%～80% 和 80%～100% 范围内,合计占比超 90%。对比来看,参与自治项目的居民认知得分最多分布得分为 29～35 分(总分 80%～100%)部分,而未

参与自治项目的居民认知得分最多分布得分为22～28 分(总分 60%～80%)部分。这说明相较于未参与自治项目的居民,参与自治项目的居民在社区参与的态度和意愿上普遍表现更积极,见表 4 - 21 与表 4 - 22。

表 4 - 21　自治项目参与情况差异下居民"信"水平的描述性分析

		样本数	总分均值	标准差	最小值	最大值
信	参与自治项目	74	28.74	4.493712	13	35
	未参与自治项目	194	28.37	4.57353	10	35

表 4 - 22　自治项目参与情况与居民"信"水平的交叉分析

		"信"测量分数分布					
		0～7 分	8～14 分	15～21 分	22～28 分	29～35 分	总体
参与	样本数	0	1	7	31	35	74
	占比(%)		1.35	9.46	41.89	47.30	100
未参与	样本数	0	2	14	92	86	194
	占比(%)		1.03	7.22	47.42	44.33	100

(3)参与自治项目对居民参与"行"的影响。将自治项目参与情况与居民"行"水平进行交叉分析,得出统计结果如下表所示。通过数据可得:整体来看,参与和未参与自治项目的居民在"行"水平的得分都不高,且均主要分布在 0～8 分和 9～16 分,即得分占比为 0～25%和 25%～50%内,占比超 80%。对比来看,两类居民在"行"水平的得分有一定差距,即参与自治项目居民的总分平均值为 12.15,大于未参与自治项目居民的总分平均值 8.36。并且参与自治项目的居民的行为得分最多分布于 9～16 分(25%～50%)部分,占比为 48.6%;但未参与自治项目的居民的行为得分最多分布于 0～8 分(0%～25%)部分,占比为 64.9%。这说明参与自治项目的居民的行为水平明显高于未参与自治项目的居民的行为水平,见表 4 - 23 与表4 - 24。

表 4 - 23　自治项目参与情况差异下居民"行"水平的描述性分析

		样本数	总分均值	标准差	最小值	最大值
行	参与自治项目	74	12.15	6.456774	4	32
	未参与自治项目	194	8.36	4.991422	2	32

表 4 - 24　自治项目参与情况与居民"行"水平的交叉分析

		"行"测量分数分布				
		0～8分	9～16分	17～24分	25～32分	总体
参与	样本数	25	36	8	5	74
	占比(%)	33.8	48.6	10.8	6.76	100
未参与	样本数	126	54	11	3	194
	占比(%)	64.9	27.8	5.67	1.54	100

（4）参与自治项目对居民参与效能感的影响。将自治项目参与情况与居民效能感水平进行交叉分析，得出统计结果如下表所示。通过数据可得：整体来看，参与和未参与自治项目的居民在效能感水平的得分都较高，且均主要分布在 11～15 分和 16～20 分，即得分占比为 50%～75% 和 75%～100% 内，占比超 95%。对比来看，两类居民在效能感水平的得分都较高，但参与自治项目居民得分略高于未参与自治项目居民得分，即参与自治项目居民的总分平均值为15.57，大于未参与自治项目居民的总分平均值 14.31。并且参与自治项目的居民的效能感得分最多分布于 16～20 分（75%～100%）部分，占比为 58.1%；但未参与自治项目的居民的效能感得分最多分布于 11～15 分（50%～75%）部分，占比为 67.5%。这说明参与自治项目的居民的效能感水平略高于未参与自治项目的居民的效能感水平，见表 4 - 25 与表 4 - 26。

表 4 - 25　自治项目参与情况差异下居民效能感水平的描述性分析

		样本数	总分均值	标准差	最小值	最大值
效能感	参与自治项目	74	15.57	2.862517	9	20
	未参与自治项目	194	14.31	2.612687	8	20

表 4‐26　自治项目参与情况与居民效能感水平的交叉分析

		效能感分数分布				
		0～5 分	6～10 分	11～15 分	16～20 分	总体
参与	样本数	0	2	29	43	74
	占比(%)	0	2.70	39.2	58.1	100
未参与	样本数	0	4	131	59	194
	占比(%)	0	2.06	67.5	30.4	100

概括来说,参与自治项目的居民与未参与自治项目的居民在社区参与行为水平上差别较大,即参与自治项目的居民的行为水平明显高于未参与自治项目的居民的行为水平;但是两个群体在社区参与的认识水平、态度和意愿以及效能感这三者上差别不大,即参与自治项目的居民的"知""信"和效能感水平只是略高于未参与自治项目的居民。

4.3.5　居民参与社区治理样态分析

为了衡量社区居民通过实际行动参与社区公共事务的程度,本研究将一级指标"行"划分为"获取信息""表达意见""提出建议""参与决策""执行决策"五个二级指标,分别对应问卷中 B3a－B3f 共计 6 道题目。依据问卷回收的数据情况,本小节聚焦 V 街道居民参与社区治理的行为样态,分析并呈现其真实状况。由于题目设计的特殊性,前四个维度的测量题项设置为多选题,最后一个维度的测量为单选题,因此本部分进行分别讨论,首先分析"获取信息""表达意见""提出建议""参与决策"四个维度体现的居民行为情况,其次单独分析"执行决策"的居民行为特点。

首先,对 V 街道居民参与社区治理的行为细分情况进行梳理。此部分对应问卷中的 B3a～B3d 四道多选题,在 4.4.3 部分——社区居民参与的"行"水平的数据处理的基础上,对每个维度的得分采取均值处理,即每个维度总得分/选项个数,以此来反映居民在各项参与行为上的显著程度,数据结果见图4‐4。

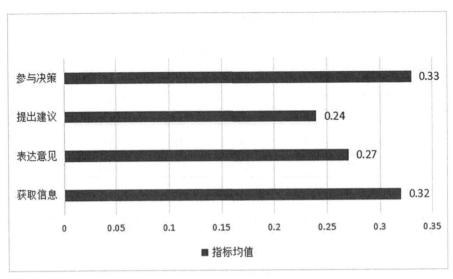

图 4-4　社区居民参与行为细分情况

由图中数据可得,依照从"获取信息"到"参与决策"的行为程度逐渐深入顺序来看,居民参与的表现总体上由强减弱,而在"参与决策"一项上由弱增强。居民参与的总体趋势近似"金字塔"形,符合"公民梯度参与理论"的预期,这说明当前社区居民参与行为普遍处于浅层水平,深层参与行为较为少见。但"参与决策"的数值增高,有些超出我们的意料,并不符合"公民梯度参与理论"预期,对此笔者从两个方面做出以下分析解释:一方面,近些年,基层社区强调以民主协商的方式来开展社区议事,所以,不少居民获得了民主议事、参与决策的机会,因此,"参与决策"的数值在"获取信息""表达意见""提出建议"三项逐渐递减的情况下反而有所增加。另一方面,结合题目本身以及生活实践,考虑到现实中不少居委会在强制或半强制居民参与居委会组织的投票等相关活动时,笔者认为尽管"参与决策"部分分值较高,但其反映的并不是居民本身的主动意愿,而是一种被动的参与状态。

其次,对"执行决策"的居民行为特点进行分析。"执行决策"部分对应B3e、B3f 两题,分别调查社区居民"执行决策"的参与情况与参与方式,数据如图 4-5、图 4-6 所示。

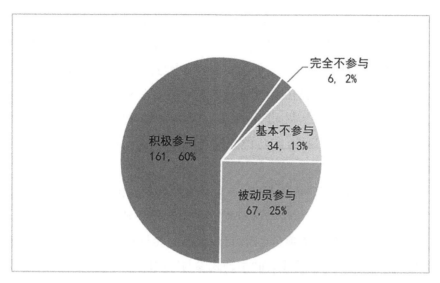

图 4-5　社区居民"执行决策"参与情况

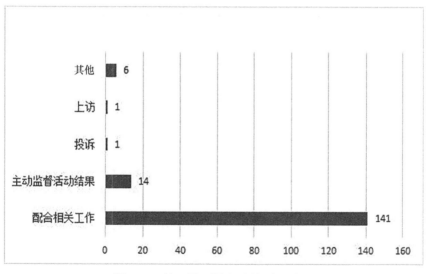

图 4-6　社区居民"执行决策"参与方式

由图中数据可得,在"执行决策"的参与情况方面,被调查的 268 名社区居民中,60%的社区居民表示自己"积极参与",剩余 40%的社区居民表示处于"被动员参与""基本不参与"和"完全不参与"的状态;对回答"积极参与"的 161 名社区居民进一步调查参与方式,结果显示绝大部分居民参与行为是"配合相

关工作"，选择"主动监督活动结果""投诉""上访"及"其他"行为的合计仅 22
项。结合以上可得：尽管"执行决策"是居民参与行为中程度最深的方式，同时
超半数居民认为自身积极参与，但实质上居民参与仍然停留在配合社区工作的
较低水平参与上，这说明居民对于社区参与的认知水平较低，对参与治理的方
式缺乏想象。该结论也从侧面印证了关于"参与决策"部分的解释：即居民自评
的得分具有较大的主观性，参与得分偏高是社区动员或强制等被动参与的
结果。

　　总之，本次问卷调研数据显示，参与自治项目的居民在社区参与的"知信
行"以及效能感上略高于未参与自治项目的居民，但差异没有那么大。而且，在
V 街道实行了十年的自治项目之后，目前居民的参与样态基本上还是以"被动
式参与"和"配合式参与"为主，而"主动式参与"还比较少。这也在一定程度上
反映了自治项目运作的实践限度。

第5章

社区自治项目实践限度的根源：技术治理困境

社区自治项目化运作旨在激发居民参与社区治理，提升社区自治水平。V街道自治项目运作十年来，也产生了一定的积极作用，主要表现为"以组织、关系和激励结构的变革，形成基层社区自下而上和自上而下的双轨动员治理，化解科层体制与基层自治的张力，实现共生式发展"[①]。可以说，自治工作项目化运作在一定程度上重构了基层社区治理体系，在原来的"街道、社区、居民"的科层治理体系中嵌入了项目制，引入社会组织参与社区自治项目的管理和孵化，注重激发草根的社区群团组织力量，体现了政府与社区自治主体之间的合作性。尤其是自治项目强调需求导向下对居民的赋权增能，而且在项目运作的全过程中部分居民参与的深度的确有所提升。项目制不仅是一种治理模式，更体现为一种思维模式，正改变着社区自治氛围和行动策略。但是，从上一章对V街道社区自治项目的治理绩效评价中可以看到，项目化运作对激发和促进居民参与的作用并没有预期的那么理想，居民参与的样态依然呈现为"被动式参与"和"配合式参与"为主。那么，为什么社区自治项目化运作没有实现显著提升居民参与、促进社区自治的预期目标，存在明显的实践限度呢？

正如本研究报告在"1.3.3 分析框架"中所述，从理论逻辑上看，社区自治项目是公共性元素得以呈现的载体，也是公共性事件得以展开的过程。社区自治项目的运作本质上是多元主体通过协商、参与的方式共同解决公共问题，实现公共性的过程。社区自治项目公共性体现在相关主体基于公共价值理念，采取协同合作的行为来推进社区自治项目开展，最终提供社区公共产品、实现社区

[①] 李小艺.双轨动员：项目制社区自治的实践逻辑及其影响——对上海市P街道社会服务项目化运作模式的考察[J].天津行政学院学报，2020，22(03)：60-69.

公共利益的整个过程中。社区自治项目化运作既是以政府为主体的行政公共性展开的过程,也是以草根社会组织和居民为主体的社会公共性培育的过程。但是,在现实的社区场域中,通过自治项目运作来实现公共性的过程并不是必然的,也不是一帆风顺的,相反,它是一个公共性不断生长、变化、流失、改造的复杂事件过程。从当前的社区实践观察来看,可以说,社区自治项目之所以没有实现显著提升居民参与、促进社区自治的预期目标,就在于其遭遇了项目化运作的技术治理困境,具体表现为:自治项目本来就是多元主体合作的载体,但是项目的技术治理特征却销蚀了公共性的实现,或者说阻滞了公共性的生长。

5.1　社区自治项目的"技术治理"特征

技术治理是当前政府进行基层社会治理创新的重要手段,并已成为基层政府行为的深层实践逻辑。技术治理既有"软"技术治理思维路径,又有"硬"技术治理工具路径。前者是指以科学理性思维进行治理活动,包括项目制、运动式治理和行政发包制等治理方式;后者是指治理手段与以信息技术为主要特征的科学技术的融合,包括社会精细化治理、社区网格化治理、大数据治理等治理方式。文章此处所谓的"技术治理"偏向于"软"的思维路径这一方面。

以项目制的方式进行政府购买服务也是技术治理的重要组成部分。对于项目制的技术治理特征学界已有不少论述。所谓技术治理,是指通过治理技术,顶层设计者试图超越基层治理环境中那些具体、特殊甚至琐碎的治理情况,通过整齐划一的技术来规划和推进治理项目[①]。有学者以"项目进村"为例,认为其技术治理凸显事本主义导向、权威主导、程式化线性控制与经营理性等运行逻辑,且这种技术治理长于简化与可测量,但却陋于通盘权衡与整体治理[②]。还有学者以政府购买社工服务为例,说明了其中项目治理的两个技术路径是程序标准化和指标精细化、第三方评估,最终导致社会组织的行为方式以应付为

---

① 金江峰.项目治村的实践困境及其解释——国家基础性权力建设的视角[J].国家治理与公共安全评论,2020(01):147－167.

② 应小丽,钱凌燕."项目进村"中的技术治理逻辑及困境分析[J].行政论坛,2015,22(03):93－97.

主,其工作成果反而远离了专业目标①。还有学者分析指出技术治理以避险与避责作为其基本动机,遵循化约主义的行动哲学,以追求工具理性为主要价值取向,由于其运作逻辑的众多局限,致使基层社会治理创新陷入内卷化的困境②。

作为项目制的一种类型,社区自治项目也具有目标明确、流程规范、数据评价的特征。从某种角度来说,这些特征本来也可以说是项目制的优点,但是,把这些技术治理的特征"移植"到社区自治场域之后,在自治项目运作的各个环节,被分别放大成了目标导向的事本主义、过程管理的技术主义、评价指标的客观主义。而且这些技术治理逻辑由于社区治理主体结构的权威主义而得到了进一步强化,从而导致了社区自治项目化运作的实践限度(详见图 5-1)。

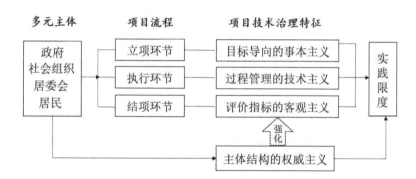

图 5-1 社区自治项目的技术治理特征

5.1.1 目标导向的事本主义

目标明确是任何一个项目的基本要求。在社区自治项目化运作的过程中,政府、居委会、社会组织、居民等多方主体也要围绕一个清晰、具体的项目目标开展协作。但是项目目标的提出是一个多元主体建构的过程,而且项目目标还需要被清晰地描述出来。社区自治项目是政府赋予社区居民的自治权利,通过

---

① 黎熙元.社区技术治理的神话:政府项目管理与社工服务的困境[J].兰州大学学报(社会科学版),2018,46(03):33-39.
② 张福磊,曹现强.城市基层社会"技术治理"的运作逻辑及其限度[J].当代世界社会主义问题,2019(03):87-95.

给予居民一定的资金支持,鼓励居民自主开展社区治理、服务、活动等,提高居民参与社区治理的积极性和主动性,促进社区自治的健康发展。因此,社区自治项目的根本目标是促进居民参与,推动社区自治发展。但项目的开展必须依托一些具体的社区公共事务来进行,比如社区环境整治、社区文化建设、社区生活服务等。因此,自治项目便增加了一些具体的项目目标,这取决于项目的内容设计。如果项目是关于楼道治理、垃圾分类、环境整治等内容的,那其项目目标就应包括美化社区环境;如果项目是关于开展社区文化活动、为老服务活动等的内容,那其项目目标应包括促进社区融合。社区自治项目同时包含根本目标和具体目标两个方面。在自治项目的实施过程中,人们更关注项目的具体目标是否实现了,而促进居民参与的根本目标反而相对被忽视。笔者将这种情况称之为"目标导向的事本主义"。自治项目被一定程度嵌入基层科层体系里,基层政府、居委会、项目小组在其中互动,将项目设计成解决某一个小区或某个领域的具体问题,将促进居民参与的根本问题转化成一个个具体的项目。不同主体出于自身的利益考虑,在自治项目的目标建构时倾向于不同的"事",表现在以下三个方面。

其一,街道层面希望项目向街道中心工作靠拢,这样依托于自治项目可以达到宣传动员居民并推动中心工作的目标。这可以从对项目申报的主题多数与政府关注的重点工作相关中可见一斑。比如,前几年上海推进垃圾分类,连续几年,垃圾分类的项目达到20余项。尤其是在2019年,16个小区都开展垃圾分类的自治项目,在内容上也是大同小异。另外,最近几年综合整新,各小区也是配合这项中心工作,开展社区微更新项目。比如YY社区的"美化角"项目、HF社区的"缤纷长廊"项目等。仅2022年,V街道专门培育和实施了题为"参与式更新赋能计划"的自治项目,一共8项,涵盖彩虹车棚微改造、加梯楼道微改造、自治院落微改造等方面。

其二,居委会层面希望在项目中嵌入其常规工作实现一箭双雕。比如居委会每年的例行工作中就有关爱独居老人、开展社区文化活动的任务,因此他们在组织居民申报自治项目时就有意识引导居民设计与之相关的自治项目。比如CB社区的"携手并进,共聚家园"项目,就是要开展各种各样的社区文化活动。评审专家也经常说居民项目只是关注活动,没有围绕项目精神串起来,像个大拼盘。有学者将居委会的这种策略性行为称之"一包多用"①,居委会可以将近期街道交办的中心工作和常规工作与自治项目打包在一起,通过打包机制完成上级交办的任务。虽然有些常规工作也与居民生活有关,但毕竟偏行政任务,在吸引居民参与上稍逊一筹,可能不是居民真正感兴趣的。

其三,项目小组层面则倾向于居民自己感兴趣的事。有些居民群团组织关注小群体的兴趣爱好,如唱歌、跳舞、编织等。当然,自治项目要求扩大受益面,不能只是自娱自乐,所以,他们会在项目内容中设计一些公益服务的内容,比如为老年人表演或赠送老年人编织成品等。但项目小组在项目实施中会出现为搞活动而搞活动以完成项目服务任务的情况,忘却了自治项目的核心目标是促进居民参与。部分项目执行者更侧重于开展项目活动,而在活动开展的过程中,对居民自治能力进行培育的基础性工作做得还不够。

5.1.2　过程管理的技术主义

项目管理不仅重视目标实现,而且也很注重过程管理。因为,注重过程管理可以帮助项目管理人员提高项目管理的效率和效果,降低项目风险,提高项目的可控性。自治项目也强调过程管理,并用相应的制度文件加以保障,对相关主体的行动加以约束,以确保项目的稳定实施。自治项目在过程管理中呈现流程化和标准化两个特征,我们将之概括为"过程管理的技术主义"。流程化是指将自治项目管理按照一定的逻辑顺序进行串联,形成一个完整的流程。整个自治项目的运作,包含需求征集、立项申报、预审优化、答辩评审、立项审批、立项实施、监测评估、考核总结八个环节。我们已经在"3.1"部分详细介绍了自治项目的运作流程。这些工作环节是要在一年的时间里依次展开,并被严格执行。通过对自治项目的流程化,一方面可以帮助 V 街道社会组织服务中心作为项目管理人员明确工作职责和流程,把控项目进度,提高工作效率和质量;另一方面可以让居委会和项目小组、居民等相关主体对项目开展有一个明确的预期,形成参与自治项目化运作的工作习惯与节奏。表 5 - 1 以 2021 年的项目运行为例,展示 V 街道自治项目的工作环节与运营时间的一个周期。

---

① 付建军.共识生产的技术化:居民自治项目的制度逻辑与实践审视——基于上海市 L 街道的案例研究[J].天津行政学院学报,2021,23(05):67 - 75.

表 5-1　V 街道自治项目推进的进度安排

阶段	时间	具体说明
申请	2 月初— 3 月初	1.排摸居民区需求，形成项目方案； 2.召开意见征询会，与会人员须包括：两委班子成员、项目成员、受益居民及其他居民； 3.提交项目需求征集表及项目申请书； 4.每个居委申请项目总数不超过 3 个，申报一星项目仅限 1 个
立项	3 月初— 3 月底	1.进行书面材料符合性审查，考查立项根据是否充分； 2.召开书面评审会，进行立项初筛； 3.组建评委会召开项目立项答辩会，预设淘汰率 20%～25%（包含降级等）； 4.评审结果公示及各居民区项目方案公示一周
经费拨付	4 月—5 月 上旬	根据街道财务申请流程，申请及拨付项目经费
执行	5 月初— 11 月底	1.自治项目执行周期：5 月 1 日—11 月 30 日； 2.项目宣传：在 3 月、5 月、7 月、9 月、11 月的下旬，推送自治项目进度简报； 3.项目变更：提交项目变更申请表，经费变更幅度小于预算的 10%且金额不超过 500 元的经费无须申报； 4.项目沙龙：7 月、12 月开展自治领袖主题沙龙
监测	7 月— 10 月	1.项目监测：8 月，通过走访、焦点访谈与主题座谈相结合的方式，了解申报项目的整体进展情况，出具监测报告； 2.项目跟踪：每月 1 次，对所选拔的项目进行实地访谈及辅导
评估	11 月中旬— 12 月底	1.按要求提交项目总结表、项目档案、财务档案； 2.召开社区评议会，与会人员须包括：两委班子成员、项目成员、受益居民及其他居民； 3.项目总结表（含项目决算）须在社区公示一周； 4.组建评委会召开自治项目评估答辩会； 5.评审结果（含表彰名单）公示一周

（续表）

阶段	时间	具体说明
总结	次年 1 月	1.召开上年度 V 街道自治项目总结会，表彰优秀项目并进行经验交流； 2.推送上年度自治项目总结简报、十佳项目及特色项目介绍

标准化是指对自治项目的输入、输出、操作方法等进行规范，以使项目工作具有可重复性和可预测性。标准化可以帮助相关人员减少工作中的差异和错误，提高工作一致性和稳定性。这些标准以规范要求的形式明确地写在相关制度里，比如《V 街道自治金工作指南》以及《自治金专项经费实施办法》。在自治项目的立项评审环节，其中"项目规范化程度：档案规范及财务规范"就占了 30% 的分值，要求"规范使用项目模板，附件材料完整，预算测算依据充分，与项目内各项活动相匹配"。在结项评审环节，项目规范化的要求仍然是重点关注的内容，包括"档案管理"（10 分）、"财务使用合理性"（10 分）、"财务处理进度"（10 分）。

项目过程管理的流程化和标准化是一把"双刃剑"，虽然在一定程度上可以提升管理的效率，但也由于管理得过于僵化而受到作为被管理方的居委会和项目小组的诟病。比如，在项目文本撰写与档案管理方面，居民反映从申请项目到项目结项，要做很多文本工作，而这是很多老人觉得"烦"的地方。申报时要递交《V 街道自治项目申报表》《V 街道自治项目意见征集表》，以及需求征集座谈会的签到表或需求征集问卷统计结果。项目实施过程中，所有的活动都要"留痕"，包括拍照、签到签收、写活动记录，最好写成新闻报道发到社区公众号或街道层面的媒体上。结项时要确保所有档案的规范性、真实性和条理性，包括但不限于活动记录、签到表、志愿者签收单、月度记录表等，一项不足扣 2 分。每次答辩（申请立项、中期监测、结项）时，都要做 PPT。项目小组成员往往不会做，只能求助于居委会。总之，整个项目下来，要制作的文本资料至少十余项，多则超过 20 项。有项目小组成员就说：

"我们以前几个人，自己凑在一起活动蛮开心的，居委会看到我们做得不错就让我们申请了自治项目，结果就要填这个表那个表的。叫我们做事还可以，叫我们写这种东西，我们写不来的，都是居委的人帮

忙写的。"(访谈记录 J403)

在这种情况下,虽然居委会自身工作已经很忙了,但也不得不抽调工作人员帮忙写材料。一般都是居委会的自治社工来帮忙写。其实,有些社工也不太会写,笔者多次作为评审专家参加评审,发现很多材料是很粗糙的。

自治项目在材料审核以及项目评审等环节都有着严格的要求,这对参与自治项目的居民以及居委会提出了较高的要求。严格的评审要求不仅为居民运行项目带来了不少挑战,其中反复提交材料进行审核也一定程度上打击了居民参与自治项目的积极性。实际上在项目运行的整个过程中,常会出现项目执行方提供的材料内容不合格、格式不规范的情况,被要求反复修改以及重新提交。在访谈中,SG 社区宝贝运动汇的负责人就提到"程序不够精简""复杂""阻碍积极性"等关键词。其实,项目材料的相关要求往往都比较具体明确,但是到基层层面,往往由于部分居民语言表达能力较弱、项目经验不足等原因,而导致材料提交审核环节的反复。在社区中,有些自治活动有着不错的群众基础,但是作为项目去做时,难免会发现过程中有较多的困难阻碍。就如 SL 社区的一个居民骨干所说的:

> "当自治活动成为一个一个项目的时候,它其实已经是在给自治活动做一些枷锁,是在制造阻碍,各种各样不同的阻碍。但是你说它错了吗?它没有错,这些规则都在帮你走合规性,它有可能是在保护你。所以事物都是从两面性来说的,我们现在要做的就是怎么样能最简单地保护好活动的组织者积极性的同时,又让活动的效率更高,这个才是比较重要的一点。"(访谈记录 J603)

当然,居民对于技术主义项目管理特征的"吐槽"最多的还是体现在项目经费的使用和管理上。项目小组普遍反映"用钱太麻烦",政府财政审批和报销的流程过于繁杂。

首先,经费拨付的时间有些年份会比较晚,影响了活动的开展。财政经费的限制在现实执行中很容易导致项目活动开展需要花费项目经费,然而项目经费还未到位的尴尬局面。

"今年(项目经费到位)比较晚，因为我们只有三月份到十月去做这么个东西，他到七月份的时候才批下来，八月份的时候小孩子放假，大家都没空。之前一般就是五六月份就批下来了。"(访谈记录 J502)

"我们报销的流程是，钱到位了，我们才能用公务卡付款，然后才能够开发票，然后要求公务卡付款和发票的这个日期是在钱申请下来以后。如果在经费下来之前，我们又必须搞活动，只能自己先垫付，而且这个费用也报不了了。有时候我们做活动还要自己亏钱。如果资金能够早点到位，当然是最好的。但是他们审批的流程过程是什么样的，我是不太清楚。我想因为是体制内，特别是涉及费用流程，有他们一套严格的手续。我也觉得没有什么问题，钱到了最好，没到的话，我们就先捐一点。对我来讲更多的是一种对我们的理念支持，我觉得需要这么一种力量，然后取得一个社会的认同和信任。"(访谈记录 J503)

其次，报销的相关规定很细也很严，既要符合当初的预算，又要符合财务标准，居委会社工和居民都说"报销搞得头都大了"。一方面，经费的使用实行申请与审批制度，从居民的角度来讲，实际操作比较麻烦。

"如果是 1 000 元以内要申请，如果是 1 000 到 5 000 元就需要专门进行审批，需要我们提供发票才能报销。超过 5 000 元不到 10 000元的，需要党工委，也就是街道的书记签字。超过 10 000 元的就涉及签订合同，需要进行三方比价才能签订。对于政府层面来说的话，它很简单，进行三方比价，但是对于我们社区来说，说实话我们能够找到这个老师已经是非常不容易的一件事，这个老师是我们家长从少年宫挖过来的，如果你再跟他说其他的授课费要求，就有些不妥……我们不希望这个老师，家长既很喜欢又很认可，就因为这些事情流失掉了。"(访谈记录 J201)

　　另一方面,从报销凭证上看,相关规定对发票类型、购买渠道以及签收单等相关证明材料都做了规定。比如非上海市的发票、贸易公司的发票、城隍庙的发票等都不能在报销中使用;网上购买物资需要通过京东而不是相对实惠力度较大的淘宝。这些对于部分居民来说,由于缺乏相关财务知识,且平时习惯于在淘宝购物,处理以及适应这些问题都较为困难。有时,居民只能选择购买价格更昂贵的商品或放弃质量更好的服务,来满足财务报销要求。

　　"年初在申请的时候,你要考虑得很细很细,就相当于说把他们这一笔钱弄好,否则的话你可能(出现)这一块开销变大,另一块开销变小,要涉及变更啊什么的,所以要求越来越严,难度也越来越大,然后就是越来越不好做……发票的限制又特别多,你淘宝的东西不能买,非上海市的发票也不能用,贸易公司的发票也不能用,城隍庙的发票什么都不能用。"(访谈记录 J505)

　　由于报销太麻烦,居民往往"搞不定",所以多数时候是居委会社工帮忙弄。一位居委会社工介绍说:

　　"我们是先把报销规则那些硬性的要求,全都告诉他们。他们搞好活动之后直接把发票给我,我负责把钱报掉。去街道报销这事为什么我们这边做呢? 我们这边可以把这些东西提前准备好,有很多单子呀,包括发票顺序是怎么放的,是在哪里签字,发票开票的抬头开什么,都是我们要注意的地方。这些东西弄好了以后再去街道报销。如果要求没有达到的话,你这个钱报不掉就很尴尬,好麻烦,来回折腾还不说,钱也拿不到。要感谢我们刚刚那个同事,他是负责报销,做得很好,每次都细心算好,报多少钱这样子。"(访谈记录 J102)

5.1.3　评价指标的客观主义

　　项目结项时,需要达到一定的指标才能被评审通过。分析自治项目结项评审指标体系详见（第 3 章），可以看出该评价指标具有如下特征：指标的定义是明确、具体、可量化，避免模糊和主观的判断，也就是说指标的评价是基于可观察的客观事实，而且，指标的测量要使用科学的方法，便于计算。我们将项目管理的这种属性称为"评价指标的客观主义"。通过制定客观合理的评价指标，并使用客观可靠的测量方法，可以确保评价结果的客观性和公正性，为项目管理决策提供科学依据。但是，在自治项目的实践运作中，也产生了一些未意料到的后果。

项目评估所采用的指标过于量化，导致项目执行方过于追求形式上的数字达标。对项目的评估指标有：活动次数（用于评估预定活动是否按计划完成）、每次活动中的服务人次、培育志愿者人数、项目的满意度（主要通过问卷调查或者签字表来展现）等等。项目执行方的完成度不仅会影响最终的项目评审结果，甚至会影响最终的自治金发放。而这些量化指标在一定程度上向项目执行方传达了这样的信息，即指标上数字达标率越高，则项目完成度越高。这就导致项目执行方忽略了项目活动是否达到推进居民参与和社区自治的目标，而去着重强调服务人次以及志愿者数量等等。

实际上，这些项目数据并不能真实反映项目的实际效果。项目的服务人次并不能简单等同于项目的覆盖率和影响力。在项目运行过程中，居民对项目的满意度调研往往由居委会或项目组自己开展，抽样比较随意，代表性不够。志愿者人数也不能简单代表社区志愿者团队真正成熟。例如项目评估方希望能看到负责自治项目的团队有清晰的组织框架和任务分工，但实际上结构完整、分工明确的团队并不意味着项目效果就好。这可从 SG 社区和 SL 社区的流浪猫项目实施比较中略见一斑：尽管 SL 社区的流浪猫项目有较为明晰的分工（有会长还有副会长的职位），但是他们在和 SG 社区的交流中反映最多的问题就是，有事情找不到人去做。相比之下，SG 社区在流浪猫问题的处理上，一直都秉持着"谁有空谁出力"的宗旨，尽管看似松散，但是项目的完成度却很高，遇到问题也能及时解决。

自治项目的立意在于将基层活动作为载体，去挖掘和动员居民参与其中，最终形成能够为他人服务的志愿者队伍，从而更好地实现居民的自我管理、自我教育、自我服务。反观在部分项目执行的过程中，这些执行者往往着重强调活动最终的服务人数以及服务效果，但对于如何吸纳更多的居民来参与并组织该活动的开展却考虑不多。在一定程度上，这些执行者把自治项目当成了服务项目来操作。最明显的表现就在于没有充分激发居民参与，自治项目中的志愿队伍发展常常遇到瓶颈，即使能够发动志愿者，也是老年人相对居多，对新生力量挖掘不够。MS 社区在社区环境微改造自治项目中发展出一支护绿队，会定期对小区进行绿化维护，也会对社区微改造自治项目提出看法。但在调研中发现，护绿队的成员以老年人为主，老年人的体力与精力都有限，在夏天拔草捡垃圾存在很大困难。护绿队负责人表示："有些居民看到我们进行除草等活动也会加入，但居民的参与率不是很高，没有什么很好的办法去解决这个问题。"

总之，评价指标的客观主义，导致项目满足于追求形式上的"数字达标"，甚至会产生一定的弄虚作假。比如结项时对自治团队的培育主要看挖掘出了多少志愿者，只要看到有志愿者的签到单就可以，至于这个志愿者到底参与了多少活动，发挥了怎么的志愿服务作用，都不可得而知。

5.1.4　主体结构的权威主义

从某种程度上来说，社区自治项目化运作中嵌套着两个政府购买服务，一个基层政府向第三方社会组织购买项目运作管理的专业服务，另一个是基层政府向居民区购买居民的自我服务。这里面涉及的主体有基层政府（社区自治办公室）、V 街道社会组织服务中心、居委会、项目小组和居民。按理说，多元主体之间应该建构相对平等的关系，只有这样才能使自治真正运转起来。但事实上，当前主体之间存在双重的柔性的"控制—依赖"关系，其一是基层政府与社会组织之间，其二是居委会与居民之间。

V 街道社区自治办公室作为购买项目运作管理服务的发包方，把这项工作打包委托给 V 街道社会组织服务中心，由其承担项目的指导、监督与评估等一系列管理工作。该社会组织是由 V 街道自己孵化出来的，为 V 街道社会组织服务的枢纽型社会组织，虽然注册为民办非企业单位，但是带有明显的"准体制内组织"的特征。V 街道社会组织服务中心运作所需资金主要来自 V 街道办事处。V 街道办事处既是其业务主管单位，也是其主要的服务购买方。街道委托其自治项目管理、运营本街道的公益坊等业务。该社会组织的资金，包括人员工资、日常行政管理支出等,90％以上都来自街道财政。此外,社会组织的办公场所也是由街道免费提供的,他们只要负责水电就可以了。正是由于资金和资源上对政府的高度依赖,导致社会组织对政府一定程度上的依附而部分丧失独立性。根据 V 街道社会组织服务中心主任的介绍:

> "V 街道自治办这么多年合作下来,总体来说我觉得合作还挺愉快,自治办也挺信任我们的,至少总的方向上还是按照我们从一开始做的整体规划(指自治金工作的总体设想与宗旨),一直在往这个方向走。但在具体的一些环节当中,主要是一些项目的议题选择上,还有关于培训方面的局限,自治办更多的还是要围绕街道的、区里面一些的要求来做,我们也能理解。当然我们也更多的还是希望有一些空间可以有我们的专业的内容,有些方面这几年没有太多的进步或改观"。
> (访谈记录 J901)

从 V 街道社会组织服务中心最初的愿景来看,他们是希望用专业的方法来培育社区自治。用中心主任的话来说,他们的初心如下:

> "我们自治项目到底它的方向是什么? 其实就是多元主体参与共建自治家园。这个是我们项目的愿景,也是我们一直围绕着的宗旨。其实一共有三个目标。第一个是需求导向,赋能居委会转变思维,强调自治项目是一个需求导向的工作。第二个是进一步夯实协商民主的实践。不管是共建一些美好的东西,还是解决一些冲突的东西,都是要居民坐下来协商的。本来居委会层面就有'三会',后来区里面都有一些强调协商民主的政策性文件的。第三个就是搭建一个自治的社区支持网络。从孵化培育到赋能自治团队,现在大家叫'备案类社区社会组织',以前叫群众团队。我们希望把那些文体类唱唱跳跳的这种兴趣团队,梳理后挖掘一些来深度参与到自治项目中,参与社区公共事务,然后达到条件后变成备案类社会组织。"(访谈记录 J901)

但实际上,V街道社会组织服务中心因对政府依赖而削弱了其专业性,或者说,基层政府作为项目发包方依托科层制实施条线控制,而社会组织缺乏"反条线控制能力"①,而成为行政工作的被动执行者,不能保持其独立性和专业性。

其一,决策上缺乏话语权,尤其是自治项目议题选择时受限较多。中心主任表示:

> "我们希望居民自己从社区需求调研出发,提出他们自己想做的项目,他们的项目议题可能比较虚,只要有助于营造自治氛围,我们也觉得可以。但最近几年,大家提到更多的还是比如说党建引领、社区微更新、加梯等,提的是一些很具体的,要解决某一个具体的问题。这里面的任务导向功利性太强。可能自治的东西是要慢慢的,先是大家一起玩,完了建立相互信任,然后慢慢想我关注的社区问题再去解决,可能是这种味道。这几年变得有些急,要解决实际问题见成效,这个导向对自治来说可能并不很好。"(访谈记录J901)

也就是说,自治项目的议题选择越来越偏向于政府关心的中心工作与行政任务。这与前面"5.1.1 目标导向的事本主义"中提到的内容是一致的。

其二,行动上自主性不足。中心主任近几年一直希望能开展培训,却未能如愿。

> "我觉得这几年一方面是我们培育的方向和目标一直是没变,但是这几年我觉得其实最大的挑战就是社区里人的流动性很大,包括自治条线的社工,也包括主任、书记和我们的一些居民骨干。因为自治项目很多时候还是要看带头人。其实我觉得2017年到2019年,是至今以来非常好的一个阶段,就是说经过了前面几年的培育铺垫,我们培养出来一批很有自治理念和方法的主任和自治社工,然后也孵化了

---

① 徐琳.项目制治理中的居民参与困境研究——以宁波市月湖街道为调查对象[D].杭州:浙江工业大学,2018.

一些当时的比较有特色的自治团队。我们前面几年的培训做得是非常扎实，我们不是那种上大课式的，真的是一对一的辅导，那种项目管理的工作坊，而且大家也学得很认真，我们安排的内容也很丰富很充实。但这些年，各个居民区的人基本换了个遍，我到现在有些居民区的书记都认不全。现在自治项目在社区里最后都是由书记说了算，但是书记们都很忙，他们没有心思好好来想自治怎么开展。我们是希望给书记、主任、自治社工等重新开展培训，但是自治办也没有办法，因为整个街道的社工的培训不在自治办，而是在党建办。党建办也安排一些培训，但由于资金有限，培训里面一直没有安排过自治相关的内容。同时，也不允许自治办直接拨钱给我们中心，让他们直接给自治社工培训，因为这方面现在管理得特别严。虽然自治办也支持我们要开展培训的想法，但他们也有一些东西很难去突破。"

可见，V 街道社会组织服务中心希望开展培训却由于客观环境的限制而未能如愿。这其实与朱健刚等人的实证研究发现基本一致，"在专业社会工作嵌入过程中，复杂的街区权力关系限制着专业社工深度嵌入社区治理体系，专业社会工作不但没有建立起自己的专业地位，反而在街区权力体系中逐渐式微，并被吸纳到街道的权力网络中，出现了外部服务行政化、内部治理官僚化和专业建制化的后果"[①]。

自治项目中的第二重"控制—依赖"关系，发生在作为"准行政组织"的居委会与居民之间。居民从申请到开展自治项目的全过程都需要居委会的大力支持，主要在项目的宣传、执行以及协调等方面对居委会的依赖较大。具有参与意愿的居民参与到自治项目中，难免因为缺乏专业的培训，在申报、执行以及评审答辩等环节存在困难，这时往往需要居委会事无巨细地指导居民完成工作，相当于居委会多了一道培训居民的工作。因此最早居委会为了减轻工作任务，大部分会选择自己完成自治项目的申报任务。而且，他们在设计项目时，往往把自己的相关行政工作包装成自治项目，以此达到"一箭双雕"的效果。尽管现

---

① 朱健刚,陈安娜.嵌入中的专业社会工作与街区权力关系——对一个政府购买服务项目的个案分析[J].社会学研究,2013,28(01):43-64,242.

在只有少部分项目仍是居委会牵头来推动项目,大部分项目的负责人是居民骨干,这也是 V 街道社会组织服务中心所倡导的。但在居民牵头的一些项目中,居民对居委会的依赖还比较大,原因主要集中在两点:首先,居民需要居委会提供项目开展所必需的资源,一般是开展活动所需的室内或者室外的场地等物理空间资源。其次,部分居民作为项目负责人,尚未具备多方协调的统筹管理能力,在社区内的宣传动员能力还不够,因此需要依赖居委会配合,给予其一定的帮助。因此会存在部分项目负责人对自己在项目中的角色定位存在偏差。在项目的执行过程中,部分项目负责人将自己视为街道和居委会意见的传递者,而不是一个自治团队的组织者和领导者。2023 年 8 月笔者跟随 V 街道社会组织服务中心走访多个片区开展自治项目的中期测评,其中对 LY 居民区的"暖心楼 连心亭",专家点评时指出,"你们项目做着做着,就忘了自己的项目目标和范围。你们做着做着就与居委会的工作交织在一起了。"原来该项目本意是要清理楼道堆物,为该社区 9 月进行综合整新做准备,同时给小区的公用凉亭做卷帘,拟定使用公约,并让书法爱好者写上去。但由于发动居民参与方面成效不理想,居民都不愿意参加,项目小组也有些沮丧,基本上依靠居委会的行政力量推动。这个例子也反映了项目小组对居委会的高度依赖。

相对于项目小组对居委会的依赖,其实居委会更希望社区骨干能够支撑居委会的工作。SG 居委会书记表达了自己的看法:

> 自治项目其实是希望能够推更多的人,来成为社区骨干的。所以,项目目标在人,自治项目如果放在事上,就缺失了很大一块。它是为社区治理提供很多的人,这些人一定是团结在居委会身边的,这才有意义,或者说它的意义会更大。因为你会发现很多工作,都是这些人在楼道里帮忙什么的。那么如果有的自治项目只是为了解决一些事,比如建个活动室什么的,那建完就走了,或者说最多派两个志愿者看看门,这个意义就不是很大。但是如果说他们成为居委会的志愿者,然后他会热心居委会的一些工作推动,那才能说是项目落地了,才发挥了它的巨大作用。(访谈记录 J504)

众所周知,国家力量采取理念渗透、组织渗透、程序渗透和服务渗透等多种路径实现了对基层社会的渗透与控制①。居委会虽然在法律意义上是群众性自治组织,但街道办事处与其之间在事实上是"领导与被领导"的关系。居委会要处理和完成街道及其职能部门布置的具体工作,而且居委会组织内部分工有不同的社工对接街道办事处不同部门下来的任务。因此,居委会与居民之间的"控制—依赖"在本质上也是行政逻辑在基层社会的表现。

5.2　项目运作的"技术治理"阻滞公共性生长

社区自治项目是治理理念在社区场域中实践的一个重要方面,其蕴含的核心理念是多元主体合作,尤其是把作为社区治理的重要主体之一的居民激发起来参与到社区公共事务的处理中来。在社区治理的具体情境和特定结构中,政府、社会组织、居委会和居民等不同主体间是有着不同资源条件和利益诉求的博弈关系,他们唯有平等协作寻求公共利益的最大化,方能实现合作治理的目标。而这就必然要求不同主体都以公共性为基础,强调主体间的系统共生、协同共治和持续共享的特质②。

采取社区自治项目化运作的方式来推进基层自治创新,本来就蕴含着自治项目应该承担着公共性建构物化基础的意思。自治项目作为一个连接国家与社会、联动"上""下"的工作载体,寄托着多元主体合作实现公共性的目标。自上而下来说,自治项目是政府通过向社会组织购买自治项目管理服务的方式,推动自治项目进社区,以此来优化居委会开展自治工作的方式,激发居民参与自我管理。自下而上来说,社区居民基于社区生活的公共需求,积极申报自治项目,依托于项目资源来进一步吸引居民参与,在居委会的指导下,共同解决社区公共问题。因此,社区自治项目化运作既是以政府为主体的行政公共性展开的过程,也是以草根社会组织和居民为主体的社会公共性培育的过程。换言之,一方面是政府采购社会组织的培育居民自治的专业服务,该行政行为中蕴

①　侯利文.行政吸纳社会:国家渗透与居委会行政化[J].深圳大学学报(人文社会科学版),2019,36 (02):112-121.

②　高进,李兆友.治理视阈中的公共性[J].东北大学学报(社会科学版),2011,13(05):421-425.

含着追求公共价值、实现公共利益以及提供公共物品的行政公共性；另一方面，政府本意也是将自治项目作为培育居民公共意识、促进社区居民参与的载体，该社会过程中蕴含着以社区和社会组织、居民为主体的社会公共性。所以说，社区自治项目所孕育的公共性，就是以平等、参与、共享的公共价值为引导，以居民公共生活的社区为场域，以居民参与的公共精神为基础，谋求公共利益的最大化。

社区自治项目是公共性元素得以呈现的载体，也是公共性事件得以展开的过程。只有行政公共性和社会公共性都得以充分生长，才能实现基层行政管理与社区自治权良性互动。有学者认为，通过政府购买服务可以使社工组织入驻社区，增加社区横向互动，搭建公共空间"居民协商会"；居民通过互动交往，重构关系网络；居民围绕公共议题进行商议，在兼顾公共利益和私人利益的基础上达成共识规范，产生价值认同和公共精神。这个过程实现了公共性的再生产，是消解社区共同体困境的有效策略①。然而，现实却没有那么客观。本研究发现，自治项目的技术治理特征却阻滞了公共性生长。其中，对行政公共性的阻滞主要体现在事本主义弱化了政府在行政行为中的公共价值追求；对社会公共性的阻滞体现在技术主义抑制了居民的公共精神培育、客观主义解构了社区的公共生活属性、权威主义阻滞了社会的公共利益实现。

5.2.1　事本主义弱化了政府的公共价值追求

社区自治项目化运作是政府为促进居民参与社区治理而开展的一种行政行为。就公共行政学发展的脉络来看，从传统公共行政理论到新公共行政理论，再到新公共管理理论、新公共服务理论，进而到公共治理理论，公共行政在追求效率与价值、工具理性和价值理性之间像钟摆一样来回②。直到治理理论，其尝试整合效率与价值。一方面，治理理论基于分权理念强调多元主体的平等参与合作，突出治理的民主意涵；另一方面，治理理论基于效率原则强调行政机制、市场机制、社会机制等多种工具的灵活组合运用，突出治理的工具效

---

① 胡晓芳.公共性再生产：社区共同体困境的消解策略研究[J].南京社会科学，2017(12)：96-103.

② 董礼胜，王少泉.工具—价值理性分野下西方行政伦理学的变迁[J].中国行政管理，2014(01)：114-118.

能①。可见,从理论上来说,任何行政行为都不能只追求效率,还必须考量政府行为的公共价值。

"公共价值是公民对政府期望的集合,是公众所获得的一种效用。"②行政行为的公共价值不仅仅包括该行为所提供的直接产出,即某种具体的公共产品或服务,还包括更广泛意义上的结果,比如保障平等、实现民主、维护公正、实施法治、保持社会凝聚力、对政府的信任等这些抽象的、无形的东西。无论是具体的产出还是抽象的结果,公共价值的核心要义在于实现公共利益,但判断何为公共利益又不是一件客观、简单的事。公共利益是在多元社会的治理过程中,政府与利益相关者在利益和利益分配问题上所达成的共识③。公共利益不是政府的利益,也不是一成不变的。政府在开展行政行为时,不能想当然地认为这个行为对公民是最好的,因此就提供这方面的服务。相反,要真正从公民的需求出发,在法治、民主、公平、平等价值引导下,整合公民的利益诉求,开展民主协商,最终达成对某个具体公共事务中的公共利益的判断。

公共价值管理理论对我们思考社区自治项目中的行政公共性有一定的启发意义。该理论是西方公共管理理论发展的一个新兴流派,由美国学者马克·穆尔(Mark Moore)于 2001 年提出。该理论认为,政府的首要任务不是只追求效率,而是识别和创造公共价值,即满足公众的需求和愿望,促进社会公共利益的实现;而且,公共价值不是政府组织单方面创造的,而是政府组织、公众、利益相关者共同创造的,公众参与是创造公共价值的重要途径。因此,政府组织应建立多元化的公共参与机制,让公众参与到公共管理的各个环节,以便更好地满足公众需求;政府活动的效率要以价值为导向,即要通过高效的活动来创造公共价值。

社区自治项目是政府支持社区自治的重要举措,其目的是激发社区居民的自治意识和参与热情,促进社区治理体系和治理能力现代化。因此,在政府对社区自治项目的管理中,需要强调以下公共价值:首先是作为直接产出的公共价值,即满足了居民某种具体的社区需求,表现为社区自治项目可以帮助社区

① 王诗忠.治理理论及其中国适用性[M].杭州:浙江大学出版社,2009:155.
② 何艳玲."公共价值管理":一个新的公共行政学范式[J].政治学研究,2009(06):62-68.
③ 段德敏,张旭.公共利益:多重面相与建构路径[J].新视野,2023(01):105-112.

居民改善社区环境、开展社区服务、解决社区问题等。其次是作为广泛结果的公共价值,主要包括强调促进自治参与、推动社会公平正义。一方面,政府应建立多元化的社区"自治金"使用决策机制,让社区居民参与到"自治金"的使用过程中,确保社区自治项目能够真正满足社区居民的需求。政府还应为社区居民提供必要的培训和指导,帮助社区居民提升自治能力。另一方面,社区自治项目应兼顾社区居民的多样化需求,促进社区内不同群体之间的平等参与和发展。政府应加强对社区自治项目的公众参与,确保社区自治项目能够惠及全体社区居民,促进社会公平正义。总之,通过强调公共价值,政府可以更好地发挥社区自治项目的作用,激发居民参与,进而促进社区治理水平的提升。

但是,社区自治项目的事本主义特征,却弱化了政府的公共价值追求。无论是街道层面希望自治项目议题向街道中心工作靠拢,还是居委会层面希望在项目中嵌入其常规工作,都是其绩效冲动的表现,反映了地方政府和附属的居委会都将追求政绩放到了首位。所谓中心工作,即区别于部门工作和常规工作,往往超越某个单独的部门业务,一般需要统一意志、调动全部党政力量才能完成的工作。中心工作往往是上级政府重点布置的阶段性工作,基层政府必须在某一时限内完成这些工作,而且对中心工作的考核和检查也往往较严。在基层治理领域,中心工作制已成为基层政府党政体制领导和介入治理事务的主要机制,即通过高度动员在一个时期内集中资源解决某一方面的重点问题[1]。中心工作制虽然有助于保证基层政府在治理任务与资源高度紧张前提下开展相对有效的治理,推动国家政策和意志在基层的有效执行。但是,也造成了"基层政府越来越'对上不对下',忽视群众真实需求"[2]的意外后果。社区自治项目议题向中心工作靠拢,导致政府容易忽视基层民众所需要的"小事",却聚焦到政府自己关心的行政性的"大事"上。而这归根结底又与我国行政管理模式有着直接关系。在改革开放后的很长一段时间里,"晋升锦标赛"是围绕经济增长、追求 GDP 展开的。随着"五位一体"之"社会建设"的提出,国家对加强社会建设、创新社会治理的要求不断提高,对基层政府及主要官员的考核中也开始

---

① 杨华,袁松.中心工作模式与县域党政体制的运行逻辑——基于江西省 D 县调查[J].公共管理学报,2018,15(01):12-22,153-154.

② 王清,刘海超.中心工作下沉:基层治理结构的重组及后果[J].理论与改革,2023(05):108-121,172.

纳入社会治理创新相关的指标。因此，在"晋升锦标赛"中，"围绕治理创新和服务创新的新型竞争格局则日益凸显"[①]。社区自治项目作为社会治理创新的一种方式，本意旨在发挥促进居民参与的"显功能"，但实践中在一定程度上承载了助力完成中心工作、提升政府政绩的"隐功能"，这就与政府开展自治项目的原本预设的公共价值发生了较大的偏离，行政公共性在功能替换中被弱化了。

5.2.2 技术主义抑制了居民的公共精神培育

社区自治项目的有效运作，离不开居民的真正参与；而居民参与的有效性，很大程度上又取决于居民的公共精神。公共精神是现代社会对公民提出的一种最基本、最重要的美德要求[②]。居民公共精神是指居民具有超越个人狭隘眼界和个人直接功利目的，关怀公共事务、事业和利益的思想境界和行为态度。它体现在居民对公共事务的参与、对公共利益的维护、对公共生活的尊重等方面。在社区自治项目运作中需要强调居民的公共精神，主要有以下几个原因：其一，公共精神是居民参与的前提和基础。居民参与是一种公共行为，需要居民具有公共意识和公共责任感，而这是公共精神的重要体现。如果居民缺乏公共精神，就很难积极参与社区事务。其二，公共精神是居民参与的动力和力量。居民参与需要付出时间、精力和物力等代价，需要居民有强烈的参与意愿和动力，而公共精神可以激发居民参与社区事务的积极性和主动性。其三，公共精神是居民参与的保障和规范。居民参与需要遵循一定的规则和程序，需要居民具有一定的理性和自律。公共精神可以帮助居民理解和遵守社区规则，规范居民参与行为，促进居民参与的健康发展。还有学者将居民公共精神视为社区的社会资本[③]，具有增值性和公共性的特征，对于实现社区治理现代化有重要意义。

虽然随着社区治理改革的不断深入，社区居民参与的渠道和方式不断拓宽，居民参与社区治理的意识和能力不断提高。但是，当前中国社区居民的公共精神也还存在一些不足，主要表现为：①由于居民各方面生活的市场化程度

① 黄晓春，周黎安.结对竞赛：城市基层治理创新的一种新机制[J].社会，2019，39(05)：1-38.
② 陈绪赣.公共性：公共精神探源[J].学术探索，2017(10)：14-18.
③ 罗海蓉.试论作为社会资本的公共精神[J].知识经济，2010(08)：66-67.

很高,虽然居住在同一社区,但需要处理的社区公共事务除了少数物业公司没有解决好的物业相关问题之外就比较少,即出现了"邻里空心化",导致居民对公共事务关心的意识很淡薄。②由于社区内居民类型多样化,其利益诉求多元化,加上当前个人主义盛行,居民之间往往从各自利益出发进行博弈,导致居民难以达到对社区公共利益的一致理解。③由于居委会的被行政化以及社区内草根社会组织本身还比较孱弱,也不能很好地发挥营造良好、健康的公共生活的氛围,致使居民原子化的状态得不到改善。因此,迫切地需要培育居民的公共精神。

社区自治项目化运作就是希望立足于居民的需要,让居民自下而上地提出项目议题,并就社区公共事务展开民主协商,最后实现社区的公共利益,从逻辑上来说,这将有助于培育居民的公共精神,激发出居民参与的活力。自治项目的技术主义特征,强调项目过程管理的流程化和标准化,虽然这可以为居民参与自治项目提供明确的规则和指引,减少参与过程中的困惑和障碍,但是,对于利用业余时间来参与自治项目,并且以老年人为主的居民来说,当前的流程化和标准化在某些方面显得过于僵化,反而降低了居民的参与积极性,不利于培育居民的公共精神,主要表现在两个方面:其一,一个有效的自治项目,不仅需要居民遵守程序,而且还要承担相应的责任,并发挥主动性。过于强调程序和标准,会淡化居民的责任意识,不利于激发居民自主性和创造性。更进一步说,规范化和标准化作为科层制的典型特征,其强调的是权威与服从;而自治项目要激发居民参与,居民参与需要的却是主动性和创造性。这两者在精神气质上存在着根本性的张力。其二,当前最严重的问题是,如果流程化和标准化过于繁琐,居民需要付出更多的时间和精力来应对这些在他们看来无异于"繁文缛节"的东西,这直接会使居民的参与热情降到"冰点"。所以说,自治项目的技术主义抵制了居民公共精神的培育,进而也不利于社会公共性的生长。

5.2.3　客观主义遮蔽了社区的公共生活属性

社区自治项目是在社区这一社会空间展开的。社区一词最早是由德国社会学家滕尼斯在其著作《共同体与社会——纯粹社会学的基本概念》提出的,他认为社区作为一个人与人之间的联结方式,区别于建基于契约与理性的"社会"，而是强调人与人之间富有人情味的生活，依托于血缘、情感等因素把社区中的人们连接在一起。随着社会的变迁，尤其是在工业化、信息化的影响下，人类社会的社区形态发生了巨大的变化。从理论上看，学界也有"社区失落论""社区继存论""社区解放论"等不同的观点。就我国的社区发展实践来看，也经历了从建国后的"单位制"社区，到"街居制"社区的转变。当前社区的普遍形态与滕尼斯笔下的"共同体"相去甚远，但这不影响我们判断当前的社区是一种新型的社区生活共同体①。我国的政府官方文件里，早在 2000 年 11 月 3 日的《民政部关于在全国推进城市社区建设的意见》一文中，就对社区内涵进行了解释。社区是指聚居在一定地域范围内的人们所组成的社会生活共同体。目前，城市社区的范围一般是指经过社区体制改革后作了规模调整的居民委员会辖区。

当前社区作为一种公共生活空间，不仅是居民日常生活和公共交往得以展开的场所，也是社区公共事务发生于此的容器，承载着社区精神共同体的未来。社区公共生活具有复杂性、模糊性、灵动性的特征。社区公共生活的属性可以在"制度—生活"这对概念的对比中看得更清楚。学者肖瑛详细分析了制度与生活的差别②。他认为，"制度"指以国家名义制定并支持国家的各级各部门代理人行使其职能的"正式制度"。"生活"指社会人的日常活动，日常生活既是实用性的、边界模糊的（如各种偶然出现或权宜性地生产的利益、权力和权利诉求及应对策略和技术），又是例行化的、韧性的。正式制度与日常生活是两种不同的秩序观：前者是基于明确的价值观念和理论理性（reason）而制定的明文规则，简单化和清晰性是其特点；后者只有局部且模糊的合理性（rationality）。在社区这一场域中，制度和生活两种逻辑和秩序交织在一起，因为社区同时也作为国家治理单元，正式制度随着政府、社会组织等相关主体进入社区。因此，社区场域中弥漫着制度与生活之间的矛盾和张力，而嵌入社区之中的自治项目也遭遇到制度逻辑对生活逻辑的冲击。社区自治项目当前面临的问题就是"规则与组织建设的过度正式化、规范化与制度化同自治的人格化特征产生矛盾和冲

① 杨华，欧阳爱权.论社区自治中的信任[J].学术界，2011(06)：79 - 88，285.
② 肖瑛.从"国家与社会"到"制度与生活"：中国社会变迁研究的视角转换[J].中国社会科学，2014(09)：88 - 104，204 - 205.

突"①。这突出地表现在自治项目的客观主义遮蔽了社区的公共生活属性。

使用客观的、量化的指标对社区自治项目进行绩效评价,以此来引导自治项目的后续发展,这是基层政府使用简化治理方式的一个表现。简化治理是以简单性科学为理论支撑,以消除复杂性为目标的"简单性模式"②,其遵循的是一种线性的、封闭的、还原的思维范式,以"一刀切"来处理现实社会的复杂性。这种简化治理逻辑不但不能实现对复杂公共事务的有效治理,有时还会引发更多的问题③。同理,自治项目评价指标的客观主义,是对社区自治项目运作复杂过程以及居民参与实践的简化,但却不能真实地反映生活的复杂性、模糊性和灵动性。比如将项目活动开展简化成服务人次、活动档案材料等,无法反映服务的质量高低和居民的真实情感反馈;比如将志愿者培育简化成志愿者的签到表,不能反映志愿者在项目中的具体参与情况。在高度韧性的生活空间里,面对正式制度的强制逻辑,日常生活逻辑若不能得到认同,就会出现各种非正式的"变通",甚至导致形式主义或弄虚作假。总之,本来社区是培育社会公共性的天然土壤,自治项目是社区公共性生长的重要载体,但项目管理的管观主义却忽略了社区公共生活属性,简化治理反而对社区自治项目的持续健康发展造成了伤害。

5.2.4 权威主义阻滞了社会的公共利益实现

当前在中国社区建设过程中建构起来的社区,不仅仅只是一个地域社会生活共同体,同样也是一个自上而下建构起来的实施城市基层行政管理和社会控制的国家治理单元,因而社区呈现出"二重性"特征④。社区成为国家用以贯彻决策实施过程、实行社会改革、实现社会控制和社会整合的基本手段和基本单位。从改革开放之初的开展"社区服务",到 20 世纪 90 年代中后期的加强"社区建设",再到 21 世纪的创新"社区治理",政府在社区里的权力"在场"的本质

① 王德福.社区人格化自治及其逻辑——兼论社区自治体系重构[J].西南大学学报(社会科学版),2023,49(01):43-53.
② 苗东升.论复杂性[J].自然辩证法通讯,2000(06):87-92,96.
③ 李宜钊,孔德斌.公共治理的复杂性转向[J].南京农业大学学报(社会科学版),2015,15(03):110-115,125-126.
④ 蔡禾,黄晓星.城市社区二重性及其治理[J].山东社会科学,2020(04):89-100,149.

没有变,政府在社区中的主导地位没有变,变的只是权力作用的方式。根据迈克尔·曼(Michael Mann)对国家权力的分析,国家权力有强制性权力与基础性权力两种类型,其中,前者是指国家不与社会协商而主观武断地或强制性地推行自己意志的权力,后者是指国家通过与社会力量的日常化协商,实际渗透社会生活,切实贯彻自身政治决策和政治意志的权力①。在社区治理中,国家现在较少使用强制性权力,而较多使用基础性权力。

按理说,社区治理的理想形态是多元主体的良性互动,围绕社区公共事务,通过平等的民主协商,构建一种合作治理的关系和格局。当前我国社区治理中的多元主体已经确实存在,除了政府,还有居委会、业委会、社区外生型的专业社会组织、社区内生型的草根社会组织、辖区单位、居民等,并且这些主体在一定范围内也的确有一些合作的行为。但政府因其拥有更多、更高的权力,而在社区治理过程中发挥着关键性的作用,对基层治理形态具有决定性影响。所以说,现实中的社区治理主体仍然处于"中心—边缘"结构中,主体间关系呈现权威主义特征。

社区自治项目的公共性建构能否实现预期目标,在很大程度上就取决于自治项目运作过程中各多元主体合作治理的情况。由于存在基层政府与社会组织之间、居委会与居民之间存在双重的柔性的"控制—依赖"关系,他们之间虽有合作,但离理想的合作治理还有很大差距,或称之为"依附式合作"②,这在很大程度上影响了社会公共利益的最大化。自治项目主体的权威主义,影响了社区居委会仍然主要使用行政式动员的方式来推进居民自治,而居民参与也仍然以配合式为主,未能发展成为理想状态的参与式动员和主动式参与(见图5-2)。

首先,在基层政府与专业社会组织之间,由于社会组织对政府的资源依赖而导致两者关系的不平等,产生了一系列不良后果。其一,损害了社会组织自身的公共性,不利于社会组织健康发展。社会组织在公共空间中的角色与功

---

① Michael Mann. The Autonomous Power of the State: Its Origins, Mechanisms and Results[J]. European Journal of Sociology, 1984, Vol.25, No.2:185-213.

② 叶敏.依附式合作:强国家下的城市社区自治——以上海NX街道的社区自治经验为例[J].江苏行政学院学报,2022(01):112-119.

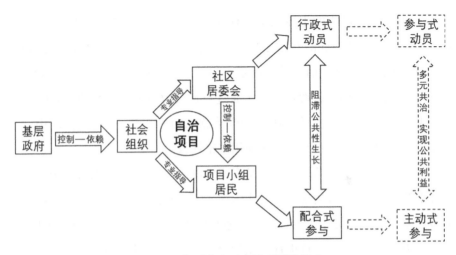

图 5 - 2   权威主义对自治项目的影响

注:以虚线表示应然逻辑,以实线表示实然逻辑。

能,主要体现在两个方面:一是公共利益表达;二是公共服务提供①。那些参与社区自治项目的社会组织,更应该平衡两方面的功能发挥,但当前的社会组织更多地满足于提供相关的服务。社会组织成为政府的"伙计"而非"伙伴",被政府当作实现行政目标的工具而使用,失去自我发展的动力和活力。其二,降低了社会组织服务的专业性,不利于自治项目的良性运作。由于依赖性关系的存在,社会组织经常不得不服从于政府的行政命令,有些甚至会牺牲所提供服务的专业性。社会组织培育自治的一些专业理念和专业方法在实际中得不到有效的施展,导致地方政府引入社会组织专业服务来推进社区自治的目标逐渐虚化。也就是说,本来开展自治项目是实现激发居民参与、促进社区自治这个重要目标的一个手段,但实践中由于相关主体的利益驱动过强,项目团队的关注点偏离了项目目标,把完成项目本身当成了目标,就出现了手段遮蔽目标的现象。类似地,还有学者发现,现实中社会组织专业参与遭遇解构,未能带来应然的专业治理效能,而是陷入专业治理内卷化②。

① 唐文玉.国家介入与社会组织公共性生长——基于 J 街道的经验分析[J].学习与实践,2011(04):106 - 113.
② 周娜,张彩云,张必春.重构社会组织参与逻辑:社区专业治理内卷化的形成过程及破解路径[J].领导科学,2021(14):23 - 27.

其次,在居委会和居民之间,同样由于项目小组对居委会的资源依赖而导致两者关系的不平等,也产生了两个不良后果。其一,居委会自身的行政化被加强。在实践中,居委会基本上是被视为街道办事处的下属机构,当居委会依托于自上而下的行政权力来处理社区公共事务时,科层制的逻辑也就被复制到居委会工作中。而且,根据学者研究发现,居委会的行政化不仅仅是制度性、结构性因素下的被动行政化,而且还是居委会的主观性、策略性因素下的主动行政化①。过度的行政化取向,限制了社区自治的动力和活力,不利于社区居委会治理能力和水平的提升②。其二,项目小组被吸纳到"准行政"体系中去。居委会通过党组织动员、资源支持、精神鼓励等方式,甚至动用面子、人情关系,将项目小组编织进居委会在社区里的组织化网络,使其成为自己开展社区工作的帮手。居委会能在很大程度上影响、决定着自治项目的议题选择,通过将居委会的行政工作嵌入自治活动中去,变相地通过项目小组完成了街道办事处布置下来的常规任务。而且,作为居民骨干的项目小组成员的社区参与也带有明显的动员式特征,居委会并没有真正激发出居民的参与动力。

总之,从理论上来说,社区治理多元主体合作是社区自治工作项目化运作的支撑,也是公共性在基层治理体系下的再生产机制。但是,在当前的项目运作中,由于主体结构的权威主义,相关主体在利益驱使下的"策略性妥协"③和"反向适应"④不断强化了项目制技术治理逻辑,也再生产了主体的中心与边缘关系,无助于公共性的生长。

---

① 侯利文,文军.科层为体、自治为用:居委会主动行政化的内生逻辑——以苏南地区宜街为例[J].社会学研究,2022,37(01):136-155,229.

② 崔月琴,张译文.双重赋能:社区居委会治理转型路径研究——基于 X 社区社会组织服务中心实践的分析[J].清华大学学报(哲学社会科学版),2022,37(02):175-184,217.

③ 刘建,吴理财.制度逆变、策略性妥协与非均衡治理——基于 L 村精准扶贫实践的案例分析[J].华中农业大学学报(社会科学版),2019(02):127-134,169.

④ 梁鹏.教育治理与大数据技术失控:表征、缘由与应对——技术自主的视角[J].开放教育研究,2023,29(03):114-120.

第 6 章
破解社区自治项目"技术治理"困境的策略与路径

上一章分析了社区自治项目产生实践限度的原因在于项目制的技术治理特征阻滞了公共性生长。技术治理"本质上是城市基层社会治理的工具理性化,而非价值理性"①。因此,本章将在强调工具理性与价值理性平衡的基础上,强调不能就事论事,而应该把社区自治项目化运作纳入社区治理共同体的情境中去考量,尤其要优化主体关系结构,为实现多元主体在自治项目中的有效合作治理奠定基础,最后从明确项目目标、注重公共性培育,优化治理技术、提高项目管理效度,促进居民参与、夯实自治社会基础三方面提出完善社区自治项目化运作的具体实践路径,促成多元主体的实质性合作。

6.1 超越社区自治项目的技术治理逻辑:价值回归

6.1.1 技术治理与公共价值的平衡

技术治理背后遵循的是工具理性主义原则,其认为治理的目标是预期的结果,治理的手段是理性工具,治理的有效性取决于工具的功效。在技术治理逻辑下,社区自治项目的重点是运用技术手段来实现治理目标,而对治理主体、治理价值等方面的关注则相对较少,呈现出重"形"轻"实"、重"绩效"轻"价值"的特征。基层政府的关注重点往往在项目的运作机制和技术的形式上,强调考核绩效的实现,而忽视了治理主体的关系平等和治理价值的实现。比如,在社区

---

① 张福磊,曹现强.城市基层社会"技术治理"的运作逻辑及其限度[J].当代世界社会主义问题,2019(03):87-95.

动员过程中,基层政府往往只关注动员的效率和规模,而忽视了社区居民的主体性和参与意愿。又如,在公民参与机制和技术的应用中,基层政府过于强调技术本身的效能,而忽视技术对社区和居民的赋权增能。再如,在项目多方主体合作过程中,基层政府过于强调治理主体间的协调配合,而忽视治理主体之间的沟通交流与平等合作。过度强调工具理性,忽视治理主体和治理价值,导致了项目目标的偏离、项目主体的弱化、项目价值的缺失等问题,从而削弱社会治理的活力,影响社会公平和正义的实现。

公共管理中的价值理性,是指公共管理活动在价值取向上的导向。它强调公共管理活动的目的不仅仅是解决具体的问题,更重要的是促进公共价值的实现。公共价值是指公共管理活动所追求的、符合社会共同利益的价值目标,主要包括以人为本、民主法治、公平正义等价值理念。只有坚持价值理性,才能确保公共管理活动的正确方向和良好效果。当前社区自治项目运作的技术治理特征阻滞了公共性的生长,体现了工具理性与价值理性的失衡。工具理性强调的是手段与目的的一致性,追求以最小的成本达到最大的效果,作为公共管理活动的必要手段,它可以帮助公共管理者提高公共管理活动的有效性和效率。价值理性强调的是手段的正当性,追求实现社会公平正义,作为公共管理的根本原则,它可以帮助公共管理者明确治理的目标和方向,防止公共管理活动偏离价值目标。两者之间存在着一定的张力,同时,价值理性与工具理性又是相互依存的。价值理性需要工具理性来实现,而工具理性也需要价值理性来指导。因此,要实现价值理性与工具理性的统一,需要将两者有机结合起来,在实践中寻求平衡。

要完善社区自治项目运作,必须超越社区自治项目的技术治理逻辑,回归价值理性。在城市社区自治项目运作中,价值理性突出地表现为促进公共性建设,具体来说就是以平等、参与、共享的公共价值为引导,以居民公共生活的社区为场域,以居民参与的公共精神为基础,谋求公共利益的最大化。考虑到社区自治项目作为社区治理创新实践的一种方式,置身于整个基层社会治理的大环境中,而且,自治项目表现出来的技术治理特征及其实践限度,都深受社区治理的体制机制的影响,折射出基层社会治理中的深层次挑战。要完善社区自治项目运作,真正激发居民参与,促进社区治理现代化,"不能再回到'就事论事'

的线性思维来思考问题，而是要从中观维度着眼，更多考虑多线程治理转型之间的系统整合问题"①。因此，我们应该把社区自治项目化运作放到社区治理共同体的情境中去考量，尤其要思考优化主体关系结构，为实现多元主体在自治项目中的有效合作治理奠定基础。

6.1.2 社区治理共同体的公共性价值

社区治理共同体建设是在我国社会治理现代化进程中提出的。党的十九大报告提出，要"加强基层治理体系和治理能力现代化，发挥社会组织在基层治理中的作用，构建共建共治共享的社会治理格局"。党的十九届四中全会提出，要"完善基层治理体系，加强基层党组织的领导，推动社会治理重心向基层下移，把更多资源、服务、力量向基层汇聚"。社区治理共同体建设的提出，是适应我国社会治理现代化发展趋势的必然要求。随着社会经济发展和城镇化进程加快，社区治理面临着日益复杂的挑战。一方面，社会分层分化加剧，居民需求多样化、个性化，对社区治理提出了更高要求。另一方面，社区治理体制机制不够完善，政府、社会组织、辖区单位、居民之间协同不足，难以有效应对社区治理中的矛盾和问题。社区治理共同体是指由党组织、政府、社会组织、市场主体、社区成员等来自国家与社会的多元治理主体，在平等、协商与合作的原则下，形成的相互联系、团结互助、关系稳定的社会联结有机体②。打造共建共治共享的社区治理共同体，是构建基层社会治理新格局的重要组成部分，也是实现基层治理提质增效的客观要求，是迈向社区治理现代化的必经之路。

本书强调将社区自治项目化运作放到社区治理共同体的情境中去考量，不仅因为自治项目运作受到社区治理制度与实践的影响，而且因为社区治理共同体建设与自治项目所期望推动的公共性建设之间有很多契合点。社区治理共同体涉及政府组织、市场组织、社会组织和居民等多元主体，这些主体的角色属性、利益诉求、运作逻辑、价值取向等都具有很大的差异性（详见表6-1）。但社区治理共同体建设恰恰要"异中求同"，在承认彼此之间的差异，尊重不同主

---

① 王杰秀，黄晓春.多重转型交汇中的社区社会组织[J].社会政策研究，2021(03)：89-107.
② 徐步华，王德鑫.建构社区治理共同体的实践模式与理论逻辑：基于芜湖市鸠江区"我们是一家人"社区治理新模式的考察[J].社会福利(理论版)，2021(08)：43-52.

体的意见与诉求的基础上,多元主体通过平等交流、坦诚对话、民主协商,在理性沟通和适当妥协中达到一定的共识,并形成某种共同感、归属感[①]。

表 6-1 社区治理不同主体的价值取向与逻辑遵循

治理主体	治理逻辑	治理手段	价值取向
政府组织	科层制的任务分配	政策	注重政治绩效
市场组织	趋利性的自由竞争	竞争	注重经济利益
社会组织	公益性的协同合作	合作	注重社会成效
社区居民	参与性的互助互益	参与	注重需求获得

资料来源:李永娜,袁校卫.新时代城市社区治理共同体的建构逻辑与实现路径[J].云南社会科学,2020(01):18-23.

因此,社区治理共同体与公共性建设的契合点体现在:其一,社区空间为涵养居民的公共精神、激发居民参与活力提供了广阔便捷的实践舞台。社区是社会的基石与细胞,所有的治理主体以及所有社会成员都活动和生活在社区。社区见证着人们在其中追求着自己的美好生活,也成了社会矛盾的交汇点和聚集点。很多公共事务在社区层面涌现并需要被解决。其二,社区治理多元主体的平等参与、充分表达和民主协商是行政公共性和社会公共性共同生长并有机融合的过程。公共协商的过程就是形成公共性的过程。无论是群众自治类协商,还是官民共治类协商,无论是侧重于表达、沟通和讨论的非决策性协商,还是力促共识并做出方案抉择的决策性协商,都可以在微观层面上,深化多元主体对问题的理解,培育居民的公共精神和相关组织的公共性,还可以在中观层面上,形成公共舆论和公共理性,以话语方式影响政府的公共性,形塑社会公共性,最终实现公共利益[②]。其三,打造社区治理共同体所努力达至的价值认同是公共性建设的核心目标与最高境界。不同治理主体由于阶层、角色的不同不仅有不同的利益诉求,而且也有多元甚至是冲突的价值取向。但他们有一个共同的身

[①] 杨仁忠,张诗博.社会治理共同体的公共性意蕴及其重要意义[J].河南师范大学学报(哲学社会科学版),2021,48(01):9-16.

[②] 肖林.协商致"公"——基层协商民主与公共性的重建[J].江苏行政学院学报,2017(04):104-113.

份,即社区的共建者与共治者。各治理主体应该明确各自的责任与权利,在平等境遇中交流、对话、协商,进行价值调整、价值选择,最终达到价值认同。

然而现实中,社区治理多元主体关系结构呈现出的不是无差别的多元主体平等并立式结构,而是党委领导、政府负责、社会协同、公众参与的"一核多元"式治理结构。其中,"一核"指中国共产党,具体是各街镇党委,"多元"包括作为主导力量的基层政府、作为关键依托的社区居委会、作为能动力量的社区社会组织、作为重要支撑的辖区单位,以及作为坚实基础的社区居民①。但是,"一核多元"的治理结构容易产生一种"中心—边缘"的协作关系②。社区自治项目运作也由于主体结构的权威主义进一步加深了项目制的技术治理特征而阻滞了公共性的生长,或者说进一步销蚀了本来就尚微弱的公共性。因此,要使社区自治项目真正发挥激发居民参与动力、提升社区自治活力的作用,绝不能依赖于技术上的小修小补,而是要在呼唤价值回归、构建价值共识的基础上,推动社区治理体系的持续变革,以求突破了"中心—边缘"结构,达成多元主体平等合作的实质性合作治理,实现政府治理同社会调节、居民自治良性互动。当然,要实现这一改革目标并不是能够一蹴而就的,需要一个渐进变革的过程。那下文主要围绕社区自治项目运作本身来提出具体的完善自治项目实践的对策建议,以期探索将宏观的、抽象的公共性价值落实到微观的公共行政和具体的公共生活中去的实践机制。

6.2 完善社区自治项目化运作的实践路径

要超越社区自治项目运作中技术治理的困境,实现社区自治项目化运作中公共性培育,需要探寻抽象的公共性价值与具体的技术型实践的有机融合的具体路径。

---

① 张平,隋永强.一核多元:元治理视域下的中国城市社区治理主体结构[J].江苏行政学院学报,2015(05):49-55.

② 李永娜,袁校卫.新时代城市社区治理共同体的建构逻辑与实现路径[J].云南社会科学,2020(01):18-23.

6.2.1　明确项目目标,注重公共性培育

社区自治项目的根本目的是培养居民的公共精神,激发居民参与自我管理的热情,营造良好的社区自治生态。社区自治项目的运作方法与技术是"器"或"术",培育公共性、实现公共利益则是"核"或"魂"。以公共性来审视自治项目可以检验其真伪和成色;反过来,自治项目的健康发展也有助于培育公共性。要使自治项目真正运转起来,必须做到"道术兼修",并且将价值导向调整优先于治理技术革新。公共性的价值是社区自治项目的核心所系、基石所在。只有深刻把握了这一原则,社区自治项目才能够从社会中获得不竭的动力支持。此处主要针对社区自治项目的技术治理特征之"事本主义",强调需明确项目的目标,注重公共性培育。

1)重视社区赋权的重要意义,加强对居民与社会组织的主体性培养

社区自治项目的运作离不开居民和社会组织的参与。但如果居民和社会组织缺乏主体性,他们就没有意识、能力、动力去真正参与到自治项目运作中来。缺少实质性赋权和增能的社会主体不得不围绕着或依附于行政体系进行运作。社区赋权是指将社区治理的权力和责任下放给居民和社会组织,使其成为社区治理的主体力量。在居民个人层面,社区赋权是指个人获得对社区状况的感知能力,通过建立参与动机和意愿,树立批判意识,增强对社区事务的参与和行动能力。在社会组织层面(包括外生型的专业社会组织和内生型的草根社会组织),社区赋权是指社区社会组织通过获取资源、完善内部结构,获得加强与其他组织联合的能力[①]。一方面,加强公共性教育,通过宣传教育、培训等方式,提高居民的法律意识、民主意识、公民意识等,提升居民的公共性素养,同时要营造良好的公共性氛围,让居民能够感受到社区的归属感和认同感,增强居民对公共事务的参与热情。另一方面,通过财政拨款、项目补助、购买服务等方式,为社区社会组织提供必要的资金支持,帮助其开展社区服务、参与社区治理;为社区社会组织提供必要的活动场地和设施,方便其开展活动、服务居民;通过培训和指导,帮助社区社会组织提升组织管理能力、服务能力等;建立健全

---

① 杨宏山.推进社区赋权成为城市基层治理的新维度[EB/OL].(2022 - 07 - 24)[2023 - 11 - 15]. http://www.rmlt.com.cn/2022/0724/645975.shtml.

社区社会组织与政府部门的沟通协调机制，为社区社会组织参与社区治理提供便利。

2）强调自治项目的需求导向，构建项目的居民需求反馈机制

强调自治项目的需求导向，就是要将基层的需求反馈机制嵌入项目的基本制度要求之中。首先，在项目申报之前统一开展以社区为单位的需求征集会，加大宣传力度，吸引多方居民和志愿者参与会议，并搭配奖励机制，对于积极参与的居民提供奖励，构建持续的自下而上的需求表达机制。其次，项目中期运作中应对参与服务的居民进行意见收集，例如在活动结束设置发放调查问卷等固定环节，形成实时的自下而上需求供给效果反馈机制，判断服务供给的实际效果与需求之间的偏移程度，及时修改和完善服务项目；最后，项目结项之后应以街道为单位增设面向全体居民的"项目汇报会"，一是增强对自治项目的宣传作用，二是自上而下地传达服务实施情况，打通需求反馈的双向交流渠道。

3）转变功利主义的目标设定，优化自治项目议题选择机制

在自治项目议题选择上，应该放弃向基层政府中心工作和居委会常规工作靠拢的做法，着眼从以下几个方面进行改变：其一，从"事"本位转向"人"本位。自治项目的目标应该从解决具体问题转向促进居民参与，要注重居民的实际需求和利益，而不是单纯追求项目的具体目标。其二，从政府主导转向居民主导。自治项目是居民自治的重要载体，要充分尊重居民的意愿，让居民参与到议题的制定和实施过程中来。其三，从短期目标转向长期目标。自治项目对居民参与的促进是一个长期的过程，不要"急功近利"，要求在一个项目周期里见到效果。所以，在议题选择上，一方面，将议题选择机制从"自上而下"转变为"自下而上"，充分尊重居民的意见和需求。可以通过居民投票、居民议事协商等方式，让居民参与到议题选择的过程中。另一方面，要对议题的公共价值进行评估，重点考虑议题是否符合居民的实际需求，是否能够促进居民参与。

6.2.2　优化治理技术，增强项目管理效度

整个自治项目从立项、运作到评审都有明确的制度规定和要求，总体上看为项目开展提供了有效的指导和约束，在未来发展中，还有一定的完善空间。此处主要针对社区自治项目管理的具体环节，尤其是项目技术治理特征之"技

术主义"和"客观主义"。

1)立足不同社区的项目开展特点,完善项目分级分类培育制度

完善项目星级培育和管理制度,主要是为了增强项目过程管理的针对性和适配性。具体可以从以下两个方面进行完善。

一是改变简单地以项目经费来确定项目等级的做法。将等级评定的指标细化成项目设计的创新性、培育志愿者的潜力以及吸纳居民参与的程度等多维度指标。首先,"项目设计的创新性"这一指标具体可以从活动环节设置丰富程度、与参与人员是否有互动以及是否有用到互联网或 App 等网络平台作为活动空间等方面进行衡量。其次,"培育志愿者的潜力"这一指标具体可以从活动所涵盖的目标人群是否多样、居民负责的项目执行工作多不多以及能否衍生出居民之间相互沟通的有效平台等方面进行衡量。再次,"吸纳居民参与的程度"这一指标具体可以从活动的数量、活动之间的承接性、逻辑性以及参与活动的途径是否便捷等方面进行衡量。

二是针对不同发育程度和不同类型项目制定一些具体的个性化的指导要求。首先,按照不同发育程度的项目来说,针对初次申报的项目,应注重对项目需求的把控,帮助社区梳理当前居民亟待解决的问题,调动社区资源。在项目设计环节降低对创新性的要求,根据项目负责人实际能力进行多维度的指导,如若能力较弱但参与意愿很强,应该以鼓励为主,避免居民的"畏难"情绪影响项目执行效果;针对连续申报的项目,街道在强调创新的同时,应给予项目在资源获得和活动设计上的指导。侧重帮助项目负责人梳理当前项目资源,对志愿者资源和资金资源加以利用,活动设计方面应集思广益,利用协商平台多沟通多交流,使居民负责人或居委会有持续的信心和能力参与到对"项目创新性"的思考中来。其次,按照不同类型项目来说,针对环境治理类的项目应注意在环境改造图纸设计阶段引导居民共同参与,促进相关意见的表达,而不仅仅是施工单位主导;针对生活服务类项目,侧重老年群体的项目应注重将老年群体对于娱乐活动的兴趣引导到社区事务中来,不仅是在活动内容上要将老年人喜欢的娱乐活动与社区公共问题相结合,更要在开展活动的过程中促进老年人和其他群体的交流互动,使其能够更好地融入社区,更甚者,能够带动周围其他年龄的居民进行参与。侧重青少年群体的项目应注重引导负责人对家长志愿者的

挖掘和培育,尤其在互动环节可以引导其加入亲子互动的部分,并尝试将表现积极的家长吸纳到项目设计和申报中来,具体可以通过采纳其项目意见或者为其孩子提供一些特殊服务来拉拢家长志愿者深层次参与到项目运作中来。

总的来说,街道和社会组织服务中心层面在针对不同项目类型的指导过程中应该有所侧重,将不同项目类型应该侧重发挥哪些项目资源优势的内容细化形成文本,供居民区参考。在申报答辩之前应该根据申报书上交的情况,街道或社会组织服务中心层面先对其进行预览和梳理,从一定程度上可以增加项目设计的丰富度。

2)构建定性与定量相结合的指标体系,提升项目评审的科学性

从内容上看,多维度的评审指标设定除了强调对活动数量和服务人次等显性可测量的维度进行考查之外,还应重视对项目实际作用效果的考量。一是设定服务人群与需求人群匹配度的评审指标,结项申请书中应表现出实际服务人群的年龄、人群特征(老年人、上班族和学生等);二是设定新增志愿者的具体评审指标,考量新增志愿者参与多少次活动且在活动中有哪些具体贡献;三是设定居民参与深度的评审指标,对居民参与人次、是否反馈服务改进意见、参与活动频次,以及是否有意愿成为志愿者等进行考量。

从形式上看,定性部分需要通过专家走访调研或第三方独立调研的方式对项目进行全方位的评估。具体可以从以下几个方面努力:一是对当年项目进行满意度和志愿者培育效果的评估,可以充分利用社会组织服务中心的高校合作伙伴,积极欢迎学生组成调研团队来社区进行调研。二是对社区历年申请的自治项目进行抽查和建档,旨在以社区为单位对往期所有项目进行相关资料的规整,在街道和社会组织服务中心层面形成对社区自治空间布局的全过程图景梳理等文本资料,方便之后在项目申报过程中管理方层面能够有意识地进行查缺补漏,按需供给。

3)优化项目的财务管理,提高经费使用的灵活性

对项目经费的管理,既要保证经费使用的合法合规,又要保证经费的使用效益,其初衷是为了协助居民实现自我管理,因此要基于现实实践,提升其灵活性。

一方面,在项目经费的审核和拨付上,要尽量缩短从立项到拨款之间的流

程,使项目在资金的支持下能够开展时间更充裕,活动设计更丰满。比如,对于一些体量较大,包含了多场活动的项目,街道可酌情按照项目的活动安排,提前拨付一定款项。同时,在项目立项时,街道可以就经费使用的相关情况对项目负责人进行提问和沟通,对后期所需的审核材料作简单说明以及培训指导,为居民和居委会准备审核材料提供充足的时间和心理准备。

另一方面,在项目经费的使用上,灵活性略加拓宽。在提供有效票据和支出内容的前提下,允许居民在采集渠道、使用时间上具有一定的灵活性。比如,对于一些长期申请且开展效果较好的项目,在报备申请的前提下,酌情允许个别项目可以根据活动开展的需要,垫付或者提前预支部分款项。

6.2.3　促进居民参与,夯实自治社会基础

自治项目的开展能够培育出一批具有公共意识的社区积极分子以及志愿者团队,为了能够在项目运行过程中牢牢夯实社区志愿队伍,应着重注意对志愿新生力量的挖掘以及对志愿现有资源的整合。同时,以自治项目的开展为契机,加强对居民的多方能力培训,使其能够更好地参与到社区自治中来。

1)线上线下相结合,"有的放矢",拓宽居民参与范围

要吸纳更多的居民参与社区自治项目,需通过"线上公众号,线下黑板报"相结合的手段进行多渠道宣传动员,扩大影响力,并针对性地开展项目活动,增加项目对不同人群的"黏度"。

一方面,要继续通过传统的线下宣传方式进行动员。首先,社区老年人居多。对于这些老年人的宣传动员工作还是要回归到传统的黑板报宣传中,并且辅助借以电话和走访的形式开展工作。其次,整合居委会、业委会在社区中的资源,在社区的公共区域定期开展宣传活动。居委会大多都有专门的居民活动室,经常汇集了众多的社区老年居民。在这些居民经常"光顾"的地方定期开展宣传活动,把将要开展的自治项目的内容做成招贴画或者海报的形式,让不善于用手机的老年人也能关注到社区将要开展的项目活动,以吸纳他们的参与。

另一方面,要通过网络多媒体渠道进行宣传。首先,尽管相当一部分社区以老年人居多,但是也不能忽视全职妈妈、青年学生等群体,他们获取信息的方式以互联网为主,因此可以利用抖音短视频以及微信视频号等平台推送一些关

于社区趣闻趣事,并进行有奖征集,让他们留意身边事,关注到自己的社区。其次,在调研过程中发现大多数的志愿活动招募通知是通过微信群发布的,而业主群每天发布大量信息,招募信息"一闪而过",并且很多业主对业主群不够重视,有时会错过招募信息。因此可以在社区公众号上发布正式的志愿者招募推文,这样一种信息发布方式让居民觉得居委会很重视这些活动以及参与活动的志愿者,而不是在微信群发消息找人"帮忙干活的"。正是因为公众号推文的传播影响力更强更权威,它会给居民一种很正式的印象,也会让更多的居民加入活动中。最后,借助微信公众号等平台宣传社区志愿明星人物,专门对这些具有"典型性"的志愿者进行专访并形成推文进行宣传,大力弘扬志愿精神,同时推出模范代表,让更多的人了解他们的先进事迹,同时形成良好的志愿氛围。当潜在志愿者看到公众号推文中的模范代表,会有看齐意识并增加其参与意愿。

但要吸纳中青年居民参与社区自治项目并不是一件容易的事,关键是要做到"有的放矢",针对不同的人群设计满足特定人群诉求的项目和活动。适合老年群体参与的项目一般具有时间短、难度低的特点,多以老年人的兴趣爱好为主,通过合唱班和跳舞队的文艺慰问等形式进行社区内活动;适合全职妈妈参与的项目多以亲子活动或者技能培训为主,也具有一定的针对性。因此,在各方条件都允许的情况下,设计开展有针对性的自治项目能够更好地调动不同群体的参与积极性,扩大参与的影响力。例如,在社区环境治理类项目中,对于一些社区环境美化的项目,从志愿者的主体来看,基本上是以老年人为主,但此类项目仍然可以做成亲子活动,即通过征集儿童作品让家长和孩子参与到美化方案的设计当中来,同时可以让其他居民对美化方案进行投票,增加活动的趣味性。在社区微改造项目中,将部分空间改造为儿童游乐区域,另一部分改造为绿植观赏区,既满足了多方的需求,也不显得违和,实现项目受众的共赢。

2)存量增量相结合,"同心合力",激发持续参与动力

社区自治项目的开展离不开居民志愿者的持续参与,既包括继续发挥原有志愿者的力量,也需要培育发展新的志愿者。对于社区志愿者,不但要"邀请过来",还得"留得住"。

首先,尊重志愿者,加强志愿者团队建设。街道要把志愿者当作共同建设

美好社区的伙伴,自治项目运营队伍要形成"传帮带""老帮新"的和谐团队氛围,让新加入的志愿者从简单到复杂,不断深入接触项目,从完成简单事务到对项目建言献策,不断增强志愿者的参与成就感和获得感。这会让志愿者从认知和行为上获得对项目的认同,促进其持续参与自治项目。

其次,激励志愿者,保障志愿者的参与动力。根据项目进度,分阶段对志愿者进行表彰激励。从项目初期发放物资和统一定制服装,到项目中期评审激励,以及最后的志愿者表彰大会,形成全过程的志愿者参与激励。社区居委会或自治项目负责人要及时发现并解决志愿者在项目执行过程中遇到的困难,也可以寻求专业的社工进行心理疏导,让社区志愿者拥有良好的过程体验。

最后,在条件允许的情况下,给予志愿者一定的物质激励,比如志愿者可以根据"积分制"在项目结束时按照志愿时长兑换相应小礼品,促进其持续参与活动。

3)外引内联相结合,"强本固基",加强自治能力建设

自治项目说到底还是要培育社区居民自身建设社区的能力。以自治项目的开展为契机,加强对居民的多方能力培训,使其能够更好地参与到社区自治中来,是实现自治工作项目运作持续优化发展的重要基础。可从引入外部专业技术指导、加强内部互相学习两条路径来提升居民的自治能力。

一方面,适当引入外部专业资源,对项目负责人以及志愿者进行指导,为其参与进行赋能培训。首先,在居民骨干培育环节引入专业力量。可通过购买社会组织服务的方式定期为居民骨干开展"赋能"培训,强调培训主题设定的针对性,提高培训的效果。在培训中还可设计"模拟实操",最好能利用培训会上的头脑风暴,选取其中可行性较高的项目设计方案,后期有针对性地培育发展成实际的自治项目。其次,在项目执行环节引入专业力量。对于居民和居委能力较弱的社区,街道可鼓励引入相应的社会组织进行专业支持。当然,在此过程中要明确社会组织的"陪伴""培育"功能,避免社会组织"越俎代庖"反而削弱了居民的主体性。因此,街道可结合不同社区以及分级分类项目的特征,挑选若干个具有共性问题的自治项目,推荐合适的社会组织进行针对性的专业指导与支持,并对其支持服务的内容与边界进行明确的界定,主要落脚在团队培育与制度建构上。至于具体服务人群的确定、主要服务内容的提炼以及现场活动的

执行任务应交还给居民志愿者，使其积累项目实操经验，有能力逐步摆脱专业力量的支持。街道及时总结社会组织专业支持自治项目开展的经验，考虑在同类项目中进行适度推广，从而使更多的居民志愿者有机会获得能力提升。

另一方面，加强内部联系沟通，搭建各社区开展自治项目的交流平台和学习平台，促进相互学习和自主学习以提升能力。首先，街道要加强品牌项目宣传，有意识地为同类型的项目创造交流机会，为做得好的小区进行经验推广。最简单就是为同类型的项目设立交流群，在群内不仅可以共同讨论项目运行中的问题，还可以就项目开展心得进行交流。同时可以依托项目交流群，定期举行项目交流会，例如在项目申报前期按照不同类型的社区议题统一提供专项辅导，设定项目经验交流和"模拟实操"等环节，针对同类型项目进行打磨，形成优势互补。另外还可以委托第三方组织或高校专家等团队在项目运行中期进行实地考察，从专业的角度总结项目成功经验，方便在同类项目中进行推广。其次，街道还可以创设其他学习渠道。比如，开设能力提升讲座，在社区里形成流动讲堂，帮助居委会和居民掌握申报和运行项目的相关能力，梳理社区需求和亟待解决的社区治理问题，并尝试引导讨论出具体的解决方案，形成可操作的执行方案；可以针对项目的开展，定期开展评议会和听证会，帮助居民或居委会把控项目开展的关键节点，按照项目方案有计划地推进；还可以在社区学校设置自治项目的相关讲座，编写公众号小案例等，来拓宽内部学习资源。

第 7 章
研究总结与展望

　　本书将社区自治项目化运作视为研究中国基层治理创新的一个重要线索和一扇检视技术治理机制的新窗口。为突破行政整合过度与社区自治不足的城市基层社会治理困境，社区自治项目化运作就是将原来相对抽象的自治工作操作化，赋予居民参与以一定的资源，使居民在自治项目中解决实际问题，同时，它也是多元主体通过协商、参与的方式共同解决公共问题的一个合作治理过程。社区自治项目的实施过程包含自治项目的立项、执行、结项等一系列体制和机制安排，社区自治办、社会组织、居委会与居民等主体在资金投入与管理、项目督导与评审、社区动员与参与等方面有不同的行为表现。通过对具体的社区自治项目的绩效评价和街道整体工作的绩效评价，以及问卷调查了解居民的参与状态，初步判断当前社区自治项目对居民参与激励不足，说明未达到预期的效果。社区自治项目运作存在实践限度的根源在于项目的目标导向的事本主义、过程管理的技术主义、评价指标的客观主义、主体结构的权威主义的这些技术治理特征阻滞了公共性生长。最后，明确破解社区自治项目化运作技术治理困境的基本策略是在社区治理共同体建设的视域下，以价值回归的理念来超越技术治理背后的工具理性，进而从明确项目目标、注重公共性培育，优化治理技术、增强项目管理效度，促进居民参与、夯实自治社会基础三方面提出完善社区自治项目化运作的具体举措。

　　本书主要以上海市某个街道为例来分析社会自治项目化运作的情况，研究还有很多值得进一步优化的地方。首先，实地研究的个案单一。虽然 V 街道自治项目起步早、发展相对较好，具有一定的代表性，但事实上，上海各区、各街镇在社区自治项目化运作上的实际操作各有不同，包括主体之间关系的微妙之处以及项目管理流程细节等。其次，问卷调查的数量不够，抽样方法不够科学，统计分析不够深入。原本笔者希望通过社区自治办利用行政的渠道把问卷发给各个居委会的设想由于"减负令"没有得到落实，临时调整为利用"友邻节"的机会采用非概率抽样的方法发放问卷。而且，考虑到样本的代表性不理想，本研究主要进行了描述性统计分析，而没有做推论性统计分析，定量部分的研究深度不够，以待今后有机会再重新验证。最后，对基层政府工作人员访谈不够深入。虽然作者有多次参加评审的机会与自治办的工作人员有所交流，但由于时间与关系所限，笔者没有访谈到更高级别的基层政府官员以及除了自治办以外的其他相关部门工作人员。所以文中对基层政府行为的分析主要根据自治社区的其他相关主体的叙述和文献阅读而来，在分析的深度和精准度上有所欠缺。

项目后续可再深入研究主要有三个方向：其一，考虑到上海各区各街镇的自治项目化运作的差异化实践，后续可以多几个案例基地，进行比较研究。其二，调研分析的持续深入。一方面是开展规范的抽样调研，另一方面是深入访谈更多的利益相关方，为推进研究的深度奠定基础。其三，社区自治是基层民主的体现，通过落实全过程人民民主来推进社区治理现代化，是构建社会治理共同体，形成共建共治共享格局的重要实践路径。未来可以考虑将全过程人民民主与社区自治项目运作联系起来考虑，深入探索。因此，如何进行有效的制度和机制上的创新，优化社区多元组织合作体系，激发居民参与内生动力，实现民主建设与治理效能的双重目标，这也是笔者后续研究的一个学术空间。

附　录

附录1　主要访谈提纲

本研究围绕社区自治项目的运作,针对不同的访谈对象,拟定侧重点不同的访谈提纲。

一、针对 V 街道社会组织服务中心工作人员

(一)V 街道推进自治工作项目化运作的基本情况

开展自治工作项目化运作的背景;开始时间;早期启动情况,包括工作组织、资金来源情况等;近几年项目数量与资金投入的变化情况;自治金项目运作效果;存在问题与反思;未来展望。

(二)项目委托代理管理情况

委托方(街道)、代理方(V 街道社会组织服务中心),购买服务双方的关系,购买的内容,购买的方式(招投标?);街道对社会组织的工作考核要求与结果。

(三)自治项目的运作与管理

(1)项目申报:对申报对象的要求(居委会、社会组织或居民);申报书的撰写要求(需求调研、活动方案、经费预算等);项目申报培训与指导。

(2)项目立项:有事先材料预审吗;会议评审(评审专家组成、主要的评审意见、意见反馈与修改);立项项目的情况(类型分布、资助倾向、居委会分布、淘汰率多少)、经费下拨(何时,多少)。

(3)项目实施:居民区或承接项目的社会组织对项目的执行情况(项目获得

立项后,如何开展项目活动? 项目开展有困难吗? 在活动内容的安排上、在人员队伍上、在经费使用上,都是怎么考虑的? 活动开展过程中,居委会、项目负责人的关系如何? 如何动员居民参与? 居民参与的积极性如何? 一般是哪些居民在参与? 参与的内容主要是什么? 通过哪些渠道参与?)。

(4)项目监测:代理方社会组织对项目执行的监测(项目在执行的过程中,组织方对项目有什么要求? 如何监测项目的实际运作? 检查的内容和方式如何? 在多大程度上,允许项目有灵活性? 即如果不完全按申报书上的计划执行,会怎么样? 如果检查结果不理想,会对项目运作会有什么影响吗?)。

(5)项目结束:居民区或承接项目的社会组织对完成项目的认知与判断? 如何准备项目的验收材料? 遇到项目内容没有完成时怎么办? 项目经费使用与报销情况?

(6)项目验收:验收的要求是什么? 如何开展结项评审? 结项评审的考核指标是怎么确立的? 服务人次? 满意度? 经费使用情况? 一般来说,评审专家组成情况? 在结项评审中,居民的意见如何体现? 或者说居民能够参与到项目结项评审中来吗? 什么样的项目会不予通过? 项目评审分等级吗? 对于评审结果的使用情况如何?

(四)居民参与项目的情况

居民了解自治金项目吗? 参与的动因、参与的内容、参与的方式? 参与项目的居民特征? 居民不参与的原因? 居民对自治金项目的看法与评价?

二、针对居委会工作人员

(一)居委会与小区的概况

(1)组织概况:居委会成立的时间、所辖范围(居委会所辖的小区有哪些?)。

(2)人口情况:该居委会所辖居民区的总的人口规模(多少户、多少人?)与结构(性质——业主、租户;老人比例)。

(3)物质环境:住宅类型(老公房、一般商品房、高档商品房? 哪一年建成的?)、楼幢或单元数量、小区环境(通过四处转转,描述记录小区内的公共空间,包括绿化空间、停车空间、活动空间等)。

(4)居委会基本情况:居委会的组织结构与功能? 有多少个工作人员? 其分工如何? 工作人员的年龄、学历状况如何?

(5)社区党组织基本情况:党组织的工作人员中有几个是和居委会的工作人员交叉任职的? 具体交叉情况如何? 党委/总支的书记的编制情况? 党组织书记的个人属性,包括年龄、性别、文化程度、政治面貌、是否本地居民、工作经历等。

(二)自治项目、社区社会组织与居民参与

1.今年社区自治(金)项目的开展情况

今年申报的自治项目是什么? 这个项目是第几年申报了(即是不是连续性项目,在去年的基础上报的? 如果是的话,问一下今年跟去年比,有什么新的变化)? 今年为什么申报这个项目? 项目的主要内容是什么? 项目目前开展到什么程度了? 近期会有活动开展吗? 这个项目是哪个社区草根组织在推动的? 推动过程中居委会在其中发挥作用吗? 还是主要是居民自己在推动? 他们在自治项目推动过程中是如何议事协商的? 如何解决遇到的问题的? 活动开展的效果怎么样? 居民参与的积极性高不高? 参与的内容和方式又如何?

2.居委会与自治项目的关系

该居委会是从哪一年开始申报自治项目的? 往年申报的项目都是什么主题的? 居委会在自治项目申报与推进过程中发挥什么作用? 自治项目中是居委主要推动还是居民自己策划安排? 在项目申报、活动开展的过程中,居民都会来和居委商量吗? 居委会一般能给自治项目什么样的帮助与指导? 以项目化的方式来推进社区自治,给社区自治带来了什么样的变化?

3.社区社会组织发育、活动开展情况

该居委会辖区有哪些社区草根组织? (主要是一些文化娱乐团队,偏互益性的;如果有偏公益性的,如志愿者团队或志愿者工作室之类的。)这些社区草根组织中有没有是正式注册为社会团体或民办非企业单位的? 还是都只是在街道备案登记的? 这些团队的规模一般多大? 他们的主要活动内容是什么? 您认为社区社会组织在社区中,尤其是促进居民自治方面的作用如何?

4.居委会对社区居民参与的认知以及居民参与的情况

1)对居民参与的认知及态度

您是如何看待居民参与社区治理的？您是否觉得应该鼓励居民参与到社区治理中来？您认为居民参与社区治理是否会影响居委会工作的效率？您认为个体公民或草根社会组织有能力参与到社区治理事务中来吗？

2）小区居民参与的情况

目前居民通过哪些渠道或方式来参与社区治理？可以按主体来分析参与情况。

（1）社区精英/骨干：一般来说，每个社区都有一批志愿者，该社区大约有多少志愿者？核心的骨干有几个？他们的组成情况（党员、楼组长？退休老人、全职太太，抑或是热心于社区事务、希望为孩子提供实践机会的在职家长？）？他们主要参与的社区事务是什么？往往以什么方式参与？他们在自治项目中发挥了什么样的作用？社区是如何动员党员参与社区自治的？

（2）普通居民：平常有没有居民经常在居委会表达对社区公共事务的关心和利益诉求？一般是什么问题？对于不同居民在参与中有不同的利益诉求，一般是怎么处理的（最好能举例子说明）？另外，对于居委会或社区草根组织开展的活动，普通居民参与的积极性如何？尤其是在自治项目中，普通居民的参与如何？有没有通过自治项目，促进了更多的居民成为社区志愿者，更深入地参与社区事务了呢？（请举例说明）

如果谈到跟物业方面有关的居民参与，其实就是关于业主自治，也是与社区自治紧密相关的。因此，需要追问，比如，该小区是否有业委会？业委会运作得如何？业主反映存在的主要问题是什么？业主参与状况如何？尤其是该社区曾有自治项目如果是偏环境治理类的，那最好请推荐访谈业委会主任或物业经理，访谈提纲另见下面。

3）促进居民参与的措施与效果

您认为目前阻碍居民参与社区治理的因素有哪些？居委会在推动居民参与社区治理方面都做了哪些工作？在推动居民参与方面有没有形成比较固定的模式或机制或方式/方法？效果如何？您认为现阶段以及未来一段时间内，社区治理的重点和难点在哪儿？有没有想过通过居民参与来推动这些建设工作？具体怎么实施？

三、针对自治项目负责人（社区骨干或社区草根组织负责人）

（一）负责人的基本情况

（1）个人的社会属性：比如年龄、性别、文化程度、政治面貌、工作经历、是否业主（是自己的房子还是住在子女家）等。

（2）参与社区治理的情况：为什么愿意参与到社区事务中来？参与了哪些社区事务？参与后的效果如何？

（二）自治项目开展情况

1.项目申报阶段

为什么想组织申报自治项目？申报时有无进行需要调研？项目申报书撰写有困难吗？拟定项目计划时主要考虑什么（活动方案、经费预算等）？在项目申报阶段，居委会给予了什么样的帮助？

2.项目评审立项阶段

街道层面或者说是接受街道委托的代理方对申报书有什么修改意见？会议评审的时候专家提问，一般提什么意见？你们对这些意见有什么看法？

3.项目实施阶段

项目获得立项后，如何开展项目活动（如何协商、讨论活动开展的细节？如何调动社区资源来开展活动？）？居委会在自治项目活动开展过程中，发挥什么作用？其与项目负责人的关系如何？自治项目如何动员居民参与？居民参与的积极性如何？一般是哪些居民在参与？参与的内容主要是什么？通过哪些渠道参与？项目开展有困难吗？项目经费能及时到位吗？在经费使用上有什么要求？

4.项目监测阶段

街道或代理方会以什么样的方式来监测项目的运作？项目在执行的过程中，组织方对项目有什么要求？如何监测项目的实际运作？检查的内容和方式如何？在多大程度上，允许项目有灵活性？即如果不完全按申报书上的计划执行，会怎么样？如果检查结果不理想，会对项目运作会有什么影响吗？

5.项目结束与验收阶段

一般来说，您认为怎么算完成项目？如何准备项目的验收材料？对于验收评审的指标要求如何看待? 比如验收方对服务人次、满意度、经费使用情况等有没有严格要求? 您认为这些要求合理吗? 完成项目有难度吗? 遇到项目内容没有完成时怎么办? 项目经费使用与报销有什么要求? 在经费方面一般遇到的问题是什么? 项目评审之后有无被评为"优秀"或"良好"? 如果被评为优良,有什么奖励措施吗?

6.对自治项目的总体评价

您认为自治项目的运作,对推动居民自治的效果如何? 您认为当前自治项目的管理与运作中,存在什么问题? 应该如何完善?

四、针对业委会主任

考虑到业主自治是社区自治的重要内容,有些自治项目直接与社区环境的微更新有关。按理说社区环境的整改是由小区自行开展,并由物业维修基金支出。但近几年社区微更新也频频得到自治项目的资助。当然,此类自治项目特别强调在社区环境整改的过程中,要体现出居民参与自治,以及居民志愿团队培育的特点,而不是简单地拿一笔钱对环境改造而已。因此,有必要对居委会主任进行访谈。

(1)业委会的基本情况:成立的时间、办公地点、方式(是居民自发组建的,还是街道或居委会动员业主组建的?)、上一次选举的情况(候选人怎么产生的? 业主参加投票的积极性如何?)等。

(2)业委会主任的情况:比如年龄、性别、文化程度、政治面貌、工作经历等;为什么愿意参加业委会的工作?

(3)业委会的内部结构与运作机制:包括组织架构、章程、人员组成、决策程序、经费来源等。业委会下设哪几个小部门? 一共有几个成员组成? 成员的年龄、学历情况等如何? 其分工如何? 业委会有没有形成诸如业主自治规则之类的制度? 有的话是如何制定的? 业委会在日常管理中,遇到需要决策的,一般是怎么决定的? 比如,业委会是如何决定聘请哪家物业公司的? 又比如,小区要不要进行诸如楼道重新粉刷、停车位增设改造之类的事情,是如何决策的? 业委会的工作经费也是来自物业维修基金吗? 还是物业管理费? 抑或其他来源?

(4)业委会与业主参与的情况:当前社区中有没有什么问题业主普遍存在不满意,业委会是如何呼应业主的诉求的? 业委会的某项工作需要全体业主的合作时,业委会一般采取什么方式来发动业主参与(张贴告示通知? 还是召开业主代表会议?)? 一般来说,需要什么条件才能通过一项决议(比如,要多少比例的业主同意? 还是一票否决?)? 您认为业主参与社区治理的意愿、态度和行为如何? 现有哪些途径和渠道提供给业主以参与社区治理中来? 业主参与的水平与能力如何? 您认为如何增强业主的参与能力、提高居民的参与水平? 业委会在呼应业主诉求、参与社区治理过程中遇到的困难和问题是什么? 如何解决?

(5)业委会与社区自治项目:如果该小区有环境治理类的自治项目,就进一步了解:为什么要申报这个项目? 业委会在项目申报和运作中发挥了怎样的作用?

五、针对一般居民/业主

自治项目是否真正促进了社区自治,就要看在多大程度上促进了居民参与。除了社区骨干的参与之外,还要看是否促进了更多的普通居民的参与,或者说是否从社区普通居民中挖掘并培育出更多的社区参与的积极分子。因此,也需要对一般的居民或业主进行访谈。

(一)居民的基本情况

个人的社会属性等,比如年龄、性别、文化程度、政治面貌、工作经历、是业主还是租户等。

(二)居民参与社区自治项目

1.居民参与自治项目的认知与意愿

您知道什么叫自治项目吗? 您知道所在小区有无开展自治项目? 你愿意参加社区自治项目吗?(这里要区分其参与的性质是作为被动的旁观者、被服务者,还是作为主动的议事者、服务者。可追问,您愿意参与到社区自治项目中,一起协商、讨论、落实相关项目的工作吗?)愿意或不愿意的原因是什么?

2.居民参与自治项目的实践行动

您是否参与了自治项目的开展? 是他们动员您参加的,还是您自己主动参加的? 您以什么方式参与了自治项目的什么内容?

3.居民参与自治项目后的评价

您参与自治项目后的感受如何? 是否感觉到自己真正在参与到小区的建设与治理中来? 您觉得参与自治项目后的效果如何? 是否实现了该项目的目标? 您认为通过开展自治项目来推进居民参与、促进社区自治的作用如何?

(三)居民参与社区自治的状况

1.居民与邻里/居民之间的关系

您平时和同一社区的居民有交往吗? 交往的主要形式有哪些(见面打招呼、打电话、在公共场合聊天、串门等)? 您希望和其他居民保持一种怎样的关系? 其他居民有困难您是否愿意提供帮助?

2.居民与社区(共同体)之间的关系

您是否关心社区公共事务? 社区内很多公共事务,例如清洁卫生、治安、设施维护等,您平时都有留意吗? 如果您发现了问题,您会怎么处理呢? 对于社区内的公益活动、休闲活动,您参与吗? 您觉得参加社区内的各项活动有什么好处呢? 您参与的原因是什么呢? 不参加的话,有没有什么损失? 如果您看到小区里有人在搞破坏行为,您会上去制止吗? 有没有什么社区事务或者活动是您想参与,但是没能参与的? 为什么?

3.居民与居委会、业委会之间的关系

您平时有参与到居委会组织的社区活动中去吗? 居委会或业委会选举您会参加吗? 如果居委会或业委会做出某项决定,而这要求您做出一些牺牲,您会配合他们的工作吗? 您遇到困难了会去找他们吗?

4.居民与社区社会组织的关系

您知道社区中有各种正式或非正式的社会组织吗? 您有参加某一社会组织吗(作为成员)? 有的话,您所在的社会组织主要是在社区中提供什么服务的? 如何开展工作和活动的? 您参加过某个社区社会组织开展的活动吗? 您能介绍一下当时的具体情况吗? 您认为社区社会组织在社区治理中能够和应该承担怎样的角色? 您是如何看待社区社会组织在社区治理中的作用的? 您是否信任社区社会组织？您是否愿意参加社区志愿者组织为社区出一份力？

　　5.居民对参与自治的总体看法

　　总的来说,您认为当前社区治理存在的主要问题是什么？您对拓宽居民参与社区治理有什么建议？

附录 2　调查问卷

V 街道社区自治金项目居民参与调查问卷

亲爱的居民朋友:

　　您好!

　　为了促进社区自治,完善社区治理结构,我们开展关于 V 街道社区居民参与自治金项目状况的调查,希望通过抽样调查,为学术研究提供真实、科学、系统的数据资料,为政府决策提供科学依据。

　　我们将按《中华人民共和国统计法》的有关规定,对您所回答的内容保密;资料**只用于统计分析**,不会公开您个人、家庭的信息,请您不要有任何顾虑。我们恳请您根据实际情况,回答所提出的问题。

　　课题组全体成员非常感谢您的协助与配合!

《社区自治研究课题组》

A.个人基本信息

A1. 您的性别是

　　○男　　　　　　　　　○女

A2. 您的年龄是

　　○18～24 岁　　○25～34 岁　　○35～44 岁　　○45～60 岁　　○60 岁以上

A3. 您的教育程度是

　　○初中及以下　　○高中/中专/技校　　○大专　　○本科　　○硕士及以上

A4. 您的政治面貌是

　　○中共党员(含预备党员)　　○共青团员　　○群众　　○民主党派

　　○其他 _____

A5. 您的户籍状况是

　　○上海户籍(本地人)　　○上海户籍(新上海人)　　○外地户籍

A6. 您目前的就业状况是

　　○有工作　　○失业、待业(跳至 A10)　　○退休(跳至 A10)

○学生（跳至 A10）

A7. 您工作的单位或公司类型是

　　○党政机关、事业单位　　○国有/集体企业　　○民营/外资企业/中外合资

　　○社会组织、居/村委会　　○自雇（包括个体户、自由职业者）

A8. 您工作的职位是

　　○一般工作人员　　○基层管理者　　○中层管理者　　○高层管理者

　　○企业所有者　　○其他 _____

A9. 您居住的社区类型是

　　○老旧小区　　○保障性住房社区　　○普通商品房小区

　　○别墅区或高级住宅区　　○其他：_____

A10. 您在该社区居住的时长是

　　○小于等于 1 年　　○2～5 年　　○6～10 年　　○10 年以上

A11. 您在该社区是否属于租房居住

　　○是　　　　　　　　　　　　　　○否

A12. 请问您平时关心社区的哪些公共事务？［多选题］

　　□社区居住环境营造（如垃圾分类、绿化养护、楼道清理等）

　　□社区公共文化建设（如文化娱乐活动、体育健康、社区学校等）

　　□社区福利服务供给（如老人送餐、儿童暑期活动、免费体检等）

　　□社区便民生活服务（如快递寄放、小区停车、加装电梯等）

　　□社区民主管理推进（如居委会选举、业委会选举、物业公司选聘等）

　　□其他：_____

B. 居民社区参与的总体情况

B1. 请您判断是否赞同以下说法（请在您赞同的选项框格内打√）：

	非常不同意	不同意	中立	同意	非常同意
B1a.居委会是社区居民的自治组织					
B1b.社区业主/居民拥有自主决定社区公共事务的权利					
B1c.居民**没有**义务参与社区公共事务					

（续表）

	非常不同意	不同意	中立	同意	非常同意
B1d.居民参与对建设美好社区、实现社区秩序有重要作用					
B1e.社区或政府等部门会提供相关渠道让我参与社区公共事务					
B1f.我**不**清楚如何参与到社区公共事务中					
B1g.我的参与对社区公共问题的解决、实现美好社区建设有一些帮助					
B1h.我参与到社区公共事务处理中对我自己来说也有好处（比如提升能力、扩大交往、愉悦精神等）					
B1i.家人、朋友和邻居等对我而言重要的人会参与到社区公共事务中					
B1j.家人、朋友和邻居等对我而言重要的人**不**希望我参与到社区公共事务中					

B2. 请您判断是否赞同以下说法（请在您赞同的选项框格内打√）：

	非常不同意	不同意	中立	同意	非常同意
B2a.我觉得政府应当提供渠道让居民积极参与到社区公共事务中					
B2b.我觉得居委会在动员居民参与中应该发挥更大作用					
B2c.我支持居民参与社区公共事务					
B2d.即便政府部门或社区提供机会，我也不愿意参与到社区公共事务中					
B2e.如果存在某个社区公共问题，虽然一时没有合适的参与渠道，我也会想办法解决					

（续表）

	非常不同意	不同意	中立	同意	非常同意
B2f.为了让社区变得更好,我愿意付出一定的时间精力参与社区公共事务					
B2g.我不愿意动员周围居民参与到社区公共事务中					

B3. 居民参与社区公共事务具体行为表现为获取信息、表达意见、提出建议、参与决策、执行决策。请问您在其中的参与情况如何?

B3a. 您通过哪些渠道获取过社区公共事务中的相关信息? ［多选题］
　　□微信、QQ 等网络交流群　　□微信公众号　　□公告栏
　　□居民代表会议　　□居民评议会　　□座谈会　　□听证会
　　□其他 ＿＿＿＿＿＿＿＿＿＿＿＿＿＿

B3b. 您通过哪些渠道对社区公共事务发表过自己的看法?［多选题］
　　□与邻居/居民当面沟通　　□微信、QQ 等网络交流　　□微信公众号
　　□居民代表会议　　□居民评议会　　□座谈会　　□听证会
　　□问卷调查　　□意见箱　　□向居委会工作人员反馈
　　□其他 ＿＿＿＿＿＿＿＿＿＿＿＿＿＿

B3c. 您通过哪些渠道对社区公共事务提出过自己的建议?［多选题］
　　□微信、QQ 等网络交流群　　□微信公众号　　□居民代表会议
　　□居民评议会　　□座谈会　　□听证会　　□问卷调查　　□意见箱
　　□向居委会工作人员反馈　　□向业委会成员反馈　　□以上均无

B3d. 您参与过哪些类型的社区公共事务相关决策?［多选题］
　　□参与居委会组织的投票表决　　□参与业委会组织的投票表决
　　□和居委会工作人员共同参与决策　　□和业委会成员共同参与决策
　　□和社区居民骨干共同参与决策　　□以上均无

B3e. 一般来说,社区居委会或业委会做出决策之后要把事情落实下来,需要居民的参与。请问您的具体参与情况?
　　○积极参与　　○被工作人员动员参与(跳至 B4)　　○基本不参与(跳至 B4)
　　○完全不参与(跳至 B4)

B3f. 请问您参与的是哪些方面?[多选题]

　　□配合相关工作　　□主动监督活动效果　　□投诉　　□上访

　　□其他 _____

B4. 请您判断是否赞同以下说法(请在您赞同的选项框格内打√):

	非常不同意	不同意	中立	同意	非常同意
B4a.我有能力参与到社区公共事务的协商、决策、管理或监督中去					
B4b.我**不**了解自己所参加的社区公共事务的相关信息					
B4c.我的参与对社区公共事务的推进**没有**积极作用					
B4d. 街道领导或居委会工作人员重视我对社区公共事务的意见和行动					

C.居民参与"自治金"项目的状况

C1. 您是否参与过 V 街道的社区"自治金"项目

　　○是　　　　　　　　○否(如果填写"否",请您在此停止作答)

C2. 您参加过的社区"自治金"项目属于以下哪类[多选题]

　　□综合治理类(侧重于推进社区平安建设,维护社区和谐稳定)

　　□环境管理类(侧重于改善社区公共环境,营造整洁居住环境)

　　□生活服务类(侧重于关注居民生活需求,提供便民利民服务)

　　□文化服务类(侧重于文化教育与交流,丰富居民文化生活)

　　□群体服务类(侧重于关注社区特定群体的需求,倡导邻里互助)

　　□群团建设类(侧重于发掘社区领袖,培育社区群团组织)

　　□平台建设类(侧重于搭建自治共治平台,完善多方协同机制)

　　□创新类:_____

C3. 按照 V 街道对社区自治金项目的管理,概括地说,整个项目运作分成申请立项、实施项目和评审结项三大环节。请问您在其中的参与情况如何?

C3a. 请问您在申请立项的过程中,参与过以下哪些内容?[多选题]

　　□参与社区需求调研座谈会　　　　　　□填写社区需求调查问卷

☐撰写项目意见征集表　　　　　☐主动找居委会沟通社区问题

☐主动跟社区骨干讨论社区问题　　☐撰写项目申请表

☐通过微信群、小区宣传栏等方式获取项目立项相关信息

☐参与讨论项目设计方案　　　　☐参加项目申请答辩会

☐其他：＿＿＿＿＿＿＿＿＿＿＿＿＿＿　　☐以上均无

C3b. 请问您在项目实施的过程中，参与过以下哪些内容？［多选题］

☐讨论形成项目活动的具体方案　　☐开展项目宣传，吸引居民参与

☐购买活动所需物资　　　　　　☐招募社区志愿者

☐协调联络场地与设备　　　　　☐捐赠金钱或物资

☐提供场地布置、秩序维持等志愿服务　☐报销项目费用

☐接受项目活动的服务　　　　　☐参加项目实施的中期测评会

☐其他 ＿＿＿＿＿＿＿＿＿＿＿＿＿＿＿＿＿＿

☐以上均无

C3c. 请问您在项目评审结项的过程中，参与过以下哪些内容？［多选题］

☐填写项目满意度调查问卷　　　　☐参与项目满意度调研座谈会

☐主动向居委会或项目小组反映对项目的看法与建议

☐撰写项目结项申请书　　　　　☐整理项目结项需要的附件材料

☐参与项目结项评审答辩会　　　　☐参与项目结项后的表彰会或交流会

☐其他 ＿＿＿＿＿＿＿＿＿＿＿＿＿＿＿＿＿＿

☐以上均无

C4. 您觉得 V 街道社区自治金项目的开展在以下几个方面的作用程度如何？
（请在您赞同的选项框格内打√）

	很小	小	一般	大	很大
促进居民社区参与意识					
提升居民自我管理能力					
解决社区公共问题					
完善社区治理秩序					

以上是本次调研的所有问题。非常感谢您的配合！

参考文献

[1] Michael Mann. The Autonomous Power of the State: Its Origins, Mechanisms and Results[J],European Journal of Sociology, 1984, Vol.25, No.2:185-213.

[2] Salamon, L.M. The Tools of Government: An Introduction to the New Governance[M]. New York: Oxford University Press,2002:101.

[3] Sherry R. Arnstein, A Ladder Of Citizen Participation[J].Journal of the American Institute of Planners,1969,Vol.35,No.4:216-224.

[4] 白雪娇.规模适度:居民自治有效实现形式的组织基础[J].东南学术,2014(05):50-57.

[5] 蔡禾,黄晓星.城市社区二重性及其治理[J].山东社会科学,2020(04):89-100,149.

[6] 曹虎,靳敏,武照亮,等.居民参与生态社区建设意愿与行为悖离的影响因素——基于山东省东营市居民调查数据分析[J].地域研究与开发,2024,43(01):61-66,73.

[7] 陈家建,张琼文,胡俞.项目制与政府间权责关系演变:机制及其影响[J].社会,2015,35(05):1-24.

[8] 陈家建.项目化治理的组织形式及其演变机制——基于一个国家项目的历史过程分析[J].社会学研究,2017,32(02):150-173,245.

[9] 陈家建.项目制与基层政府动员——对社会管理项目化运作的社会学考察[J].中国社会科学,2013(02):64-79,205.

[10] 陈伟东,陈艾.居民主体性的培育:社区治理的方向与路径[J].社会主义研究,2017(04):88-95.

[11] 陈伟东.城市社区自治研究[D].武汉:华中师范大学,2003.

[12] 陈伟东.社区自治[M].北京:中国社会科学出版社,2004:196.

[13] 陈晓东,谭洪平.城市社区建设中居民参与存在的问题及对策研究[J].南京工程学院学报(社会科学版),2018,18(04):28-33.

[14] 陈绪赣.公共性:公共精神探源[J].学术探索,2017(10):14-18.

[15] 陈友华,夏梦凡.社区治理现代化:概念、问题与路径选择[J].学习与探索,2020(06):36－44.

[16] 崔月琴,张译文.双重赋能:社区居委会治理转型路径研究——基于X社区社会组织服务中心实践的分析[J].清华大学学报(哲学社会科学版),2022,37(02):175－184,217.

[17] 邓大才.利益相关:居民自治有效实现形式的动力基础[J].东南学术,2014(05):40－49.

[18] 邓正来等编译.布莱克维尔政治学百科全书[M].北京:中国政法大学出版社,1992:693.

[19] 丁煌,梁健.探寻公共性:从钟摆到整合——基于公共性视角的公共行政学研究范式分析[J].江苏行政学院学报,2022(01):96－103.

[20] 董礼胜,王少泉.工具—价值理性分野下西方行政伦理学的变迁[J].中国行政管理,2014(01):114－118.

[21] 杜晔,何雪松.从个益、互益到共益:骨干居民的身份建构与基层"公共性"的成长[J].学习与实践,2023(07):108－118.

[22] 段德敏,张旭.公共利益:多重面相与建构路径[J].新视野,2023(01):105－112.

[23] 范梦衍,张卫.居民自治项目的运作机制研究——以S市M社区的个案为例[J].农村经济与科技,2017,28(08):216－218.

[24] 方长春.党政关联与双重"经纪人":城市基层治理中的居委会[J].人文杂志,2021(11):20－27.

[25] 冯猛.项目制下的"政府—农民"共事行为分析——基于东北特拉河镇的长时段观察[J].南京农业大学学报(社会科学版),2015,15(05):1－12,137.

[26] 付建军.当代中国社会治理创新的发生机制与内在张力——兼论社会治理创新的技术治理逻辑[J].当代世界与社会主义,2018(06):181－190.

[27] 付伟,焦长权."协调型"政权:项目制运作下的乡镇政府[J].社会学研究,2015,30(02):98－123,243－244.

[28] 甘颖.组织化再造:基层组织能力提升的制度嵌入机制研究[J].华中农业大学学报(社会科学版),2022(01):140－148.

[29] 高红,杨秀勇.社会组织融入社区治理:理论、实践与路径[J].新视野,2018(01):77－83.

[30] 高红.城市基层合作治理视域下的社区公共性重构[J].南京社会科学,2014(06):88－95.

[31] 李蔚.何谓公共性,社区公共性何以可能?[J].河南师范大学学报(哲学社会科学版),2015,42(04):23－27.

[32] 黄锐.城市社区治理中的公共性构筑[J].人文杂志,2015(04):116－120.

[33] 谷玉良.转型社区公共性变迁及其治理研究[J].宁夏社会科学,2018(04):163-170.

[34] 高进,李兆友.治理视阈中的公共性[J].东北大学学报(社会科学版),2011,13(05):421-425.

[35] 耿曙,胡玉松.突发事件中的国家-社会关系——上海基层社区"抗非"考察[J].社会,2011,31(6):41-73.

[36] 龚为纲.项目制与粮食生产的外部性治理[J].开放时代,2015(02):103-122,5-6.

[37] 谷甜甜.老旧小区海绵化改造的居民参与治理研究[D].南京:东南大学,2019.

[38] 顾东辉."三社联动"的内涵解构与逻辑演绎[J].学海,2016(03):104-110.

[39] 桂华.项目制与农村公共品供给体制分析——以农地整治为例[J].政治学研究,2014(04):50-62.

[40] 郭琳琳,段钢.项目制:一种新的公共治理逻辑[J].学海,2014(05):40-44.

[41] 郭伟和.地方性实践知识:城市社区工作者反建制力量的隐蔽机制[J].学海,2016(02):143-152.

[42] 韩江风.技术治理逻辑下社会工作评估的失灵与优化——以 T 市 W 街道社会工作评估项目为例[J].理论月刊,2019(12):143-154.

[43] 韩兆柱,翟文康.西方公共治理前沿理论述评[J].甘肃行政学院学报,2016(04):23-39,126-127.

[44] 何艳玲."公共价值管理":一个新的公共行政学范式[J].政治学研究,2009(06):62-68.

[45] 侯利文,文军.科层为体、自治为用:居委会主动行政化的内生逻辑——以苏南地区宜街为例[J].社会学研究,2022,37(01):136-155,229.

[46] 侯利文.行政吸纳社会:国家渗透与居委会行政化[J].深圳大学学报(人文社会科学版),2019(02):112-121.

[47] 侯利文.去行政化的悖论:被困的居委会及其解困的路径[J].社会主义研究,2018(02):110-116.

[48] 侯利文.压力型体制、控制权分配与居委会行政化的生成[J].深圳大学学报(人文社会科学版),2020,37(03):111-120.

[49] 侯秋宇.社区自治中的居民参与研究[D].上海:华东理工大学,2018.

[50] 胡平江.地域相近:村民自治有效实现形式的空间基础[J].华中师范大学学报(人文社会科学版),2014,53(04):17-22.

[51] 胡晓芳.公共性再生产:社区共同体困境的消解策略研究[J].南京社会科学,2017(12):96-103.

[52] 黄晓春,周黎安.结对竞赛:城市基层治理创新的一种新机制[J].社会,2019,39(05):1-38.

[53] 黄晓春,周黎安.政府治理机制转型与社会组织发展[J].中国社会科学,2017(11):118-138,206-207.

[54] 黄晓春.中国社会组织成长条件的再思考——一个总体性理论视角[J].社会学研究,2017,32(01):101-124,244.

[55] 黄晓星,蔡禾.治理单元调整与社区治理体系重塑——兼论中国城市社区建设的方向和重点[J].广东社会科学,2018(05):196-202.

[56] 黄徐强,张勇杰.技术治理驱动的社区协商:效果及其限度——以第一批"全国社区治理和服务创新实验区"为例[J].中国行政管理,2020(08):45-51.

[57] 黄宗智,龚为纲,高原."项目制"的运作机制和效果是"合理化"吗[J].开放时代,2014(05):143-159.

[58] 姬生翔."项目制"研究综述:基本逻辑、经验推进与理论反思[J].社会主义研究,2016(04):163-172.

[59] 纪芳.项目落地的差异化实践:运作机制及其治理绩效——基于苏中 X 村和鄂东 B 村的项目实践考察[J].农林经济管理学报,2021,20(03):384-392.

[60] 解胜利,吴理财.从"嵌入-吸纳"到"界权-治理":中国技术治理的逻辑嬗变——以项目制和清单制为例的总体考察[J].电子政务,2019(12):95-107.

[61] 金江峰.项目治村的实践困境及其解释——国家基础性权力建设的视角[J].国家治理与公共安全评论,2020(01):147-167.

[62] 敬乂嘉.合作治理:历史与现实的路径[J].南京社会科学,2015(05):1-9.

[63] 郎友兴,陈文文."扩"与"缩"的共进:变革社会中社区治理单元的重构——以杭州市江干区"省级社区治理与公共服务创新试验区"为例[J].南京师大学报(社会科学版),2019(02):90-99.

[64] 雷环捷.构建有限智库体系:一个技术治理视角[J].自然辩证法研究,2024,40(02):20-28,82.

[65] 黎熙元.社区技术治理的神话:政府项目管理与社工服务的困境[J].兰州大学学报(社会科学版),2018,46(03):33-39.

[66] 李博.项目制扶贫的运作逻辑与地方性实践——以精准扶贫视角看 A 县竞争性扶贫项目[J].北京社会科学,2016(03):106-112.

[67] 李建斌,李寒.转型期我国城市社区自治的参与不足:困境与突破[J].江西社会科学,2005(06):33-36.

[68] 李锦峰.公共性的规划与构建:社区自治金的实践意义及其发挥[J].城乡规划,2018
(03):61-69.

[69] 李明伍.公共性的一般类型及其若干传统模型[J].社会学研究,1997(04):110-118.

[70] 李鹏飞.社会联结:探索村民自治基本单元的关系基础[J].求实,2017(09):69-82.

[71] 李小艺.双轨动员:项目制社区自治的实践逻辑及其影响——对上海市P街道社会服
务项目化运作模式的考察[J].天津行政学院学报,2020,22(03):60-69.

[72] 李晓彬.双轨互动:城市社区居民自治项目化推行与发展路径研究[D].上海:中共上海
市委党校,2018.

[73] 李雪茹.治理现代化视域下我国城市基层技术治理的运作逻辑——基于"清单制"的考
察[J].四川行政学院学报,2022(03):17-26.

[74] 李宜钊,孔德斌.公共治理的复杂性转向[J].南京农业大学学报(社会科学版),2015,15
(03):110-115,125-126.

[75] 李永娜,袁校卫.新时代城市社区治理共同体的建构逻辑与实现路径[J].云南社会科
学,2020(01):18-23.

[76] 李友梅,肖瑛,黄晓春.当代中国社会建设的公共性困境及其超越[J].中国社会科学,
2012(04):125-139,207.

[77] 李祖佩.项目进村与乡村治理重构——一项基于村庄本位的考察[J].中国农村观察,
2013(04):2-13,94.

[78] 李祖佩.项目制基层实践困境及其解释——国家自主性的视角[J].政治学研究,2015
(05):111-122.

[79] 梁鹏.教育治理与大数据技术失控:表征、缘由与应对——技术自主的视角[J].开放教
育研究,2023,29(03):114-120.

[80] 梁贤艳,江立华.自治单元下沉背景下的城市社区"微自治"研究——以J小区从"点断"
到"全覆盖"自治的内生探索为例[J].学习与实践,2017(08):98-105.

[81] 刘安.社区社会组织何以"悬浮"社区——基于南京市B街道项目制购买社会服务的考
察[J].中央民族大学学报(哲学社会科学版),2021,48(04):100-105.

[82] 刘建,吴理财.制度逆变、策略性妥协与非均衡治理——基于L村精准扶贫实践的案例
分析[J].华中农业大学学报(社会科学版),2019(02):127-134,169.

[83] 刘丽娟,潘泽泉.赋权村社、激活自治与农村公共品有效供给[J].农村经济,2022(03):
22-31.

[84] 刘述良,吴少龙.县域项目制治理:理念与机制[J].上海交通大学学报(哲学社会科学
版),2023,31(09):126-136.

［85］刘帅顺,张汝立.嵌入式治理:社会组织参与社区治理的一个解释框架[J].理论月刊,
　　　2020(05):122-131.

［86］刘秀秀.新时代国家治理中技术治理的双重维度及其出路[J].行政管理改革,2019
　　　(10):65-70.

［87］刘岩,刘威.从"公民参与"到"群众参与"——转型期城市社区参与的范式转换与实践
　　　逻辑[J].浙江社会科学,2008(01):86-92.

［88］刘永谋,李佩.科学技术与社会治理:技术治理运动的兴衰与反思[J].科学与社会,
　　　2017,7(02):58-69.

［89］卢丛丛.嵌入型政权:治理精细化背景下农村基层政权的实践及逻辑[J].天津行政学院
　　　学报,2022,24(05):20-28.

［90］卢学晖.城市社区精英主导自治模式:历史逻辑与作用机制[J].中国行政管理,2015
　　　(08):94-99.

［91］罗海蓉.试论作为社会资本的公共精神[J].知识经济,2010(08):66-67.

［92］罗梁波.公共性的本质:共同体协作[J].政治学研究,2022(01):94-105,159.

［93］吕志奎.通向包容性公共管理:西方合作治理研究述评[J].公共行政评论,2017,10
　　　(02):156-177,197.

［94］马翀炜,孙东波.项目的刚性嵌入及其后果——以哈尼族大沟村治污项目为中心的人
　　　类学讨论[J].贵州社会科学,2022(01):106-113.

［95］马海燕.城市居民社区参与问题探析[J].长江大学学报(社科版),2014,37(04):73-
　　　75,87.

［96］苗东升.论复杂性[J].自然辩证法通讯,2000(06):87-92,96.

［97］苗延义.能力取向的"行政化":基层行政性与自治性关系再认识[J].社会主义研究,
　　　2020(01):84-92.

［98］闵兢,徐永祥."社区制"治理范式何以可能:基于社会理性的视角[J].学习与实践,2018
　　　(11):93-100.

［99］闵学勤.社区自治主体的二元区隔及其演化[J].社会学研究,2009,24(01):162-183,
　　　245.

［100］潘小娟.社区行政化问题探究[J].国家行政学院学报,2007(01):33-36.

［101］裴元圆,罗中枢.塑造"积极居民":政党引领社区自治的耦合路径[J].党政研究,2023
　　　(04):69-77,126.

［102］裴志军.政治效能感、社会网络与公共协商参与——来自浙江农村的实证研究[J].社
　　　会科学战线,2015(11):195-205.

[103] 彭灵灵.我国城市社区精英的社会面貌和实现因素[J].学术研究,2021(11):84-88.

[104] 彭晓岚,王贵琴.乡村公共物品供给项目制的"马太效应"及破解策略[J].领导科学,2022(01):134-137.

[105] 彭亚平.技术治理的悖论:一项民意调查的政治过程及其结果[J].社会,2018,38(03):46-78.

[106] 邱梦华.城市社区治理[M].北京:清华大学出版社,2019:22.

[107] 渠敬东,周飞舟,应星.从总体支配到技术治理——基于中国30年改革经验的社会学分析[J].中国社会科学,2009(06):104-127,207.

[108] 渠敬东.项目制:一种新的国家治理体制[J].中国社会科学,2012(05):113-130,207.

[109] 任剑涛.公共与公共性:一个概念辨析[J].马克思主义与现实,2011(06):58-65.

[110] 任克强.组织化合作动员:社区建设的新范式[J].南京社会科学,2014(11):53-60.

[111] 桑玉成,杨建荣,顾铮铮.从五里桥经验看城市社区管理的体制建设[J].政治学研究,1999(02):40-48.

[112] 桑玉成.从五里桥街道看城市社区管理的体制建设[J].政治学研究,1992(02):40-48.

[113] 上海:多措并举培育"家门口"的社区社会组织[EB/OL].(2021-12-28)[2022-10-15].https://www.shanghai.gov.cn/nw4411/20211228/b99fabd1d5734f1bad2e889d260388c8.html.

[114] 申丽娟,陈跃.社区治理现代化的结构性障碍及其内源式破解[J].四川师范大学学报(社会科学版),2016,43(03):118-123.

[115] 沈立里,池忠军."去行政化"的限度:获得感视角下居委会社区治理困境论析[J].理论月刊,2022(03):49-57.

[116] 施惠玲,彭继裕.国家治理现代化中的参与式社会动员[J].青海社会科学,2021(04):16-21.

[117] 史普原.政府组织间的权责配置——兼论"项目制"[J].社会学研究,2016,31(02):123-148,243-244.

[118] 孙柏瑛.城市社区居委会"去行政化"何以可能?[J].南京社会科学,2016(07):51-58.

[119] 孙立平,等.动员与参与第三部门募捐机制个案研究[M].杭州:浙江人民出版社,1999:62.

[120] 孙旭友.论当下中国积极分子的生成背景、时代精神与当代价值——以社区积极分子为切入点[J].安徽行政学院学报,2015,6(02):27-31.

[121] 唐文玉.国家介入与社会组织公共性生长——基于J街道的经验分析[J].学习与实践,2011(04):106-113.

[122] 唐文玉.社会组织公共性:价值、内涵与生长[J].复旦学报(社会科学版),2015,57

(03):165 - 172.

［123］韩小凤,苗红培.我国社会组织的公共性困境及其治理［J］.探索,2016(06):136 - 141.

［124］耿依娜.价值、结构与行动:当代中国社会组织公共性评价的三维分析［J］.云南大学学报(社会科学版),2019,18(03):118 - 125.

［125］唐亚林,陈先书.社区自治:城市社会基层民主的复归与张扬［J］.学术界,2003(06):7 - 22.

［126］田毅鹏,薛文龙.城市管理"网格化"模式与社区自治关系刍议［J］.学海,2012(03):24 - 30.

［127］王才章.地方政府社会治理创新的项目制运作［J］.重庆社会科学,2017(03):71 - 78.

［128］王春婷.政府购买公共服务研究综述［J］.社会主义研究,2012(02):141 - 146.

［129］王德福,张雪霖.社区动员中的精英替代及其弊端分析［J］.城市问题,2017(01):76 - 84.

［130］王德福.城市社会转型与社区治理体系构建［J］.政治学研究,2018(05):6 - 9.

［131］王德福.社区人格化自治及其逻辑——兼论社区自治体系重构［J］.西南大学学报(社会科学版),2023,49(01):43 - 53.

［132］王德福.社区治理现代化:功能定位、动力机制与实现路径［J］.学习与实践,2019(07):88 - 97.

［133］王汉生,吴莹.基层社会中"看得见"与"看不见"的国家——发生在一个商品房小区中的几个"故事"［J］.社会学研究,2011,25(01):63 - 95＋244.

［134］王杰秀,黄晓春.多重转型交汇中的社区社会组织［J］.社会政策研究,2021(03):89 - 107.

［135］王静,邹农俭.改革开放以来居民参与基层社会治理的实践形态［J］.南京师大学报(社会科学版),2022(05):109 - 116.

［136］王明.政府购买服务项目参与城市社区治理的运作逻辑［J］.云南社会科学,2020(03):52 - 58.

［137］王明杰,李晓月,王毅.西方学界公共性理论研究评述及展望［J］.公共管理与政策评论,2021,10(04):155 - 168.

［138］王鹏杰.城市社区建设中的居民自治研究述评［J］.城市观察,2015(05):47 - 54.

［139］王清,刘海超.中心工作下沉:基层治理结构的重组及后果［J］.理论与改革,2023(05):108 - 121,172.

［140］王清.项目制与社会组织服务供给困境:对政府购买服务项目化运作的分析［J］.中国行政管理,2017(04):59 - 65.

[141] 王诗忠.治理理论及其中国适用性[M].杭州:浙江大学出版社,2009:155.

[142] 王世强.党建何以引领社区自治?——逻辑、机制与发展路径[J].天津行政学院学报,2021,23(06):55-64.

[143] 王世强.构建社区共同体:新时代推进党建引领社区自治的有效路径[J].求实,2021(04):42-52,110.

[144] 王维国.公共性及其一般类型[J].新视野,2010(03):40-42.

[145] 王向民.中国社会组织的项目制治理[J].经济社会体制比较,2014(05):130-140.

[146] 王义.从整体性治理透视社区去"行政化"改革[J].行政管理改革,2019(07):54-60.

[147] 温雪梅,吴炫菲.党建引领下的社区自治何以可能?——一个多重逻辑的分析框架[J].长白学刊,2024(02):14-28.

[148] 吴映雪.乡村振兴项目化运作的多重困境及其破解路径[J].西北农林科技大学学报(社会科学版),2022,22(01):23-33.

[149] 夏志强,谭毅.公共性:中国公共行政学的建构基础[J].中国社会科学,2018(08):88-107,206.

[150] 向德平,申可君.社区自治与基层社会治理模式的重构[J].甘肃社会科学,2013(02):127-130.

[151] 向德平.社区组织行政化:表现、原因及对策分析[J].学海,2006(03):24-30.

[152] 向颖,卫松.项目制下社会组织"中标"的合法性获取机制——基于双重生产视角的一种分析[J].济南大学学报(社会科学版),2024,34(02):124-133.

[153] 向玉琼,孟业丰.融合国家设计与村民主体性:乡村治理有效的路径[J].天津行政学院学报,2022,24(04):57-66.

[154] 肖林.协商致"公"——基层协商民主与公共性的重建[J].江苏行政学院学报,2017(04):104-113.

[155] 肖瑛.从"国家与社会"到"制度与生活":中国社会变迁研究的视角转换[J].中国社会科学,2014(09):88-104,204-205.

[156] 徐步华,王德鑫.建构社区治理共同体的实践模式与理论逻辑:基于芜湖市鸠江区"我们是一家人"社区治理新模式的考察[J].社会福利(理论版),2021(08):43-52.

[157] 徐家良.社区基金会与城市社区治理创新[J].社会政策研究,2019(04):103-112.

[158] 徐琳.项目制治理中的居民参与困境研究——以宁波市月湖街道为调查对象[D].杭州:浙江工业大学,2018.

[159] 徐敏.基层大改革,"加减乘除"如何做[N].解放日报,2015-01-06.

[160] 徐选国,吴柏钧.城市基层治理的社会化机制——以深圳市Z街"网格化管理社会化

服务"项目为例[J].浙江工商大学学报,2018(02):122-131.

[161] 徐勇,贺磊.培育自治:居民自治有效实现形式探索[J].东南学术,2014(05):33-39,
246.

[162] 徐勇.论城市社区建设中的社区居民自治[J].华中师范大学学报(人文社会科学版),
2001(03):5-13.

[163] 许宝君.超越"去行政化"迷思:社区减负思路廓清与路径优化[J].中国行政管理,2023
(03):95-101.

[164] 许宝君.我国城市社区居民自治单元重构——兼对"自治单元下沉"论的反思[J].东南
学术,2021(01):95-105.

[165] 颜佳华,吕炜.协商治理、协作治理、协同治理与合作治理概念及其关系辨析[J].湘潭
大学学报(哲学社会科学版),2015,39(02):14-18.

[166] 杨宝,肖鹿俊.技术治理与制度匹配:社会工作本土化路径"双向趋同"现象研究[J].学
习与实践,2021(10):108-118.

[167] 杨宏山.推进社区赋权成为城市基层治理的新维度[EB/OL].(2022-07-24)[2023-
11-15].http://www.rmlt.com.cn/2022/0724/645975.shtml.

[168] 杨华,欧阳爱权.论社区自治中的信任[J].学术界,2011(06):79-88,285.

[169] 杨华,袁松.中心工作模式与县域党政体制的运行逻辑——基于江西省 D 县调查[J].
公共管理学报,2018,15(01):12-22,153-154.

[170] 杨莉.以需求把居民带回来——促进居民参与社区治理的路径探析[J].社会科学战
线,2018(09):195-201.

[171] 杨敏.公民参与、群众参与与社区参与[J].社会,2005(05):78-95.

[172] 杨敏.作为国家治理单元的社区——对城市社区建设运动过程中居民社区参与和社
区认知的个案研究[J].社会学研究,2007(04):137-164,245.

[173] 杨仁忠,张诗博.社会治理共同体的公共性意蕴及其重要意义[J].河南师范大学学报
(哲学社会科学版),2021,48(01):9-16.

[174] 杨荣.专业服务与项目管理:"社区为本"的社会工作发展路径探索——以北京市 G 社
区为例[J].探索,2014(04):135-139.

[175] 杨善华."项目制"运作方式下中西部农村社会治理的马太效应[J].学术论坛,2017,40
(1):30-34.

[176] 叶继红,陆梦怡.社区"微自治"的两种逻辑及其优化路径——基于苏州市 S 街道的案
例分析[J].中州学刊,2022(03):67-72.

[177] 叶敏.社区自治能力培育中的国家介入——以上海嘉定区外冈镇"老大人"社区自治

创新为例[J].南京农业大学学报(社会科学版),2015,15(3):10-18,121.

[178] 叶敏.依附式合作:强国家下的城市社区自治——以上海 NX 街道的社区自治经验为例[J].江苏行政学院学报,2022(01):112-119.

[179] 易臻真,文军.城市基层治理中居民自治与社区共治的类型化分析[J].安徽师范大学学报(人文社会科学版),2017,45(06):741-749.

[180] 尹广文.项目制运作:社会组织参与城市基层社区治理的路径选择[J].云南行政学院学报,2017(03):127-133.

[181] 应小丽,钱凌燕."项目进村"中的技术治理逻辑及困境分析[J].行政论坛,2015,22(03):93-97.

[182] 袁方成.国家治理与社会成长:城市社区治理的中国情景[J].南京社会科学,2019(08):55-63.

[183] 袁明宝."去自治化":项目下乡背景下村民自治的理想表达与现实困境[J].江西行政学院学报,2015,17(03):68-73.

[184] 张宝锋.城市社区自治研究综述[J].晋阳学刊,2005(01):22-26.

[185] 张宝锋.城市社区参与动力缺失原因探源[J].河南社会科学,2005(04):22-25.

[186] 张必春."脸面观"视角下居民参与基层治理的逻辑分析[J].中州学刊,2024(02):87-94.

[187] 张丙宣.技术治理的两幅面孔[J].自然辩证法研究,2017,33(09):27-32.

[188] 张大维,陈伟东,孔娜娜.中国城市社区治理单元的重构与创生——以武汉市"院落自治"和"门栋自治"为例[J].城市问题,2006(04):59-63+68.

[189] 张丹丹.社区自治的特征:偏态自治和无序自治——社区自治空间有限性的原因[J].华东理工大学学报(社会科学版),2015,30(02):25-31+48.

[190] 张福磊,曹现强.城市基层社会"技术治理"的运作逻辑及其限度[J].当代世界社会主义问题,2019(03):87-95.

[191] 张江华.卡里斯玛、公共性与中国社会:有关"差序格局"的再思考[J].社会,2010(05):1-24.

[192] 张康之,张乾友.民主的没落与公共性的扩散——走向合作治理的社会治理变革逻辑[J].社会科学研究,2011(02):55-61.

[193] 张康之.论"公共性"及其在公共行政中的实现[J].东南学术,2005(01):49-55.

[194] 张良."项目治国"的成效与限度——以国家公共文化服务体系示范区(项目)为分析对象[J].人文杂志,2013(01):114-121.

[195] 张良.资源下乡、行动者博弈与基层治理内卷化[J].华南农业大学学报(社会科学版),

2021,20(5):118-129.

[196] 张平,隋永强.一核多元:元治理视域下的中国城市社区治理主体结构[J].江苏行政学院学报,2015(05):49-55.

[197] 张向东.场域、边界及其产生的条件——评"项目制"研究[J].华东师范大学学报(哲学社会科学版),2018,50(6):121-126,176.

[198] 张向东.央地关系变化逻辑与政策实践的微观机理——兼论项目制的定位[J].四川大学学报(哲学社会科学版),2020(05):185-192.

[199] 张晓霞.城市居民社区参与模式及动员机制研究[D].长春:吉林大学,2010.

[200] 张雅勤.公共行政的公共性:思想回顾与研究反思[J].上海行政学院学报,2011,12(06):52-62.

[201] 张振洋.城市基层公共服务供给中的项目制研究——以上海自治项目为例[D].上海:上海交通大学,2017.

[202] 张振洋.城市基层自治项目的分级运作机制探析——基于上海市S镇"乐妈园"项目的分析[J].社会主义研究,2018(02):87-97.

[203] 张振洋.公共服务项目化运作的后果是瓦解基层社会吗? ——以上海市S镇"乐妈园"项目为例[J].中国行政管理,2018(08):47-52.

[204] 张振洋.自治项目嵌入、共同生产形成与公共服务"最后一公里"难题破解——基于上海市"乐妈园"项目的个案分析[J].天津行政学院学报,2022,24(05):77-86.

[205] 章文光,李心影,杨谨顿.城市社区治理的逻辑演变:行政化、去行政化到共同体[J].北京行政学院学报,2023(05):54-60.

[206] 章永兰,颜燕.现阶段城市居民社区参与表层化的原因及矫治对策[J].江西农业大学学报(社会科学版),2006(02):105-107.

[207] 赵秀玲."微自治"与中国基层民主治理[J].政治学研究,2014(05):51-60.

[208] 折晓叶,陈婴婴.项目制的分级运作机制和治理逻辑——对"项目进村"案例的社会学分析[J].中国社会科学,2011(04):126-148,223.

[209] 郑杭生,黄家亮.论我国社区治理的双重困境与创新之维——基于北京市社区管理体制改革实践的分析[J].东岳论丛,2012(01):23-29.

[210] 郑鸿铭,王福涛.双重身份与供需失衡:社区"去行政化"减负改革为何局部失灵? ——基于南宁市两社区案例的比较分析[J].广西大学学报(哲学社会科学版),2024(03):165-173.

[211] 周飞舟.财政资金的专项化及其问题——兼论"项目治国"[J].社会,2012,32(01):1-37.

[212] 周娜,张彩云,张必春.重构社会组织参与逻辑:社区专业治理内卷化的形成过程及破解路径[J].领导科学,2021(14):23-27.

[213] 周雪光.项目制:一个"控制权"理论视角[J].开放时代,2015(02):82-102,5.

[214] 朱健刚,陈安娜.嵌入中的专业社会工作与街区权力关系——对一个政府购买服务项目的个案分析[J].社会学研究,2013,28(01):43-64,242.

索　引